INTRODUCING CHOMSKY: A GRAPHIC GUIDE by JOHN MAHER & JUDY GROVES
Copyright: TEXT COPYRIGHT ©2013 JOHN MAHER, ILLUSTRATIONS COPYRIGHT ©2013 ICON BOOKS LTD
This edition arranged with THE MARSH AGENCY LTD
through BIG APPLE AGENCY, INC., LABUAN, MALAYSIA.
simplified Chinese edition copyright:
2019 SDX JOINT PUBLISHING CO., LTD.
All rights reserved.

图画通识丛书
A Graphic Guide

乔姆斯基

Introducing
Chomsky

约翰·马厄（John Maher）/ 文
朱迪·格罗夫斯（Judy Groves）/ 图
徐韬 译

Simplified Chinese Copyright © 2019 by SDX Joint Publishing Company.
All Rights Reserved.
本作品中文简体版权由生活·读书·新知三联书店所有。
未经许可,不得翻印。

图书在版编目(CIP)数据

乔姆斯基/(英)约翰·马厄(John Maher)文;(英)朱迪·格罗夫斯(Judy Groves)图;徐韬译.—北京:生活·读书·新知三联书店,2019.7
(图画通识丛书)
ISBN 978-7-108-06581-0

Ⅰ.①乔… Ⅱ.①约… ②朱… ③徐… Ⅲ.①乔姆斯基(Chomsky, Noam 1928-)-语言哲学-研究 Ⅳ.① H0-05

中国版本图书馆 CIP 数据核字(2019)第 091385 号

责任编辑	黄新萍	
装帧设计	张 红	
责任校对	常高峰	
责任印制	徐 方	
出版发行	生活·讀書·新知三联书店	
	(北京市东城区美术馆东街 22 号 100010)	
网 址	www.sdxjpc.com	
图 字	01-2018-7185	
经 销	新华书店	
印 刷	北京隆昌伟业印刷有限公司	
版 次	2019 年 7 月北京第 1 版	
	2019 年 7 月北京第 1 次印刷	
开 本	787 毫米 × 1092 毫米 1/32 印张 5.75	
字 数	44 千字 图 174 幅	
印 数	0,001-8,000 册	
定 价	35.00 元	

(印装查询:01064002715;邮购查询:01084010542)

目　录

- 001　乔姆斯基简介
- 002　存在与语言
- 003　语言之钟
- 004　语言的使用
- 005　我们如何认知语言？
- 006　多样性分化
- 007　进入语言之核
- 008　我们如何对语言予以说明？
- 009　语言与交流
- 010　语言的两种常见用途
- 011　结构依赖性
- 012　语言之知
- 013　外在语言与内在语言
- 018　语法？还是政治？
- 019　美国结构主义
- 020　索绪尔怎么样？
- 024　伽利略法
- 026　抽象
- 028　理想化
- 029　理想型
- 031　侵犯玫瑰
- 032　理想模型
- 034　语言之为心智器官
- 035　笛卡尔的物体理论
- 038　新型物体理论
- 040　斯金纳的行为主义理论
- 041　对行为主义的反驳
- 044　柏拉图之问
- 045　语言并非学来的，而是生长起来的
- 046　与生俱来
- 048　生长与学习的限制
- 049　语言不是模仿
- 050　何为语言之知？

- 054 非归纳能力
- 055 "妈妈语"
- 057 来自学界的抨击
- 059 回应
- 062 那什么是语言学?
- 063 创造性 vs 复用性
- 064 说说两种语法
- 066 传统语法 vs 生成语法
- 069 与结构主义决裂
- 070 I'm Okay, You're Okay But Not
- 074 深层结构和表层结构
- 075 普遍语法
- 080 我们能否"构造"普遍语法?
- 082 如何发声?
- 083 经验主义批评者
- 084 用以构造疑问句的规则
- 086 用于相互表达式的规则
- 088 科学理论中的一种?
- 090 其他相与竞争的模型
- 091 乔姆斯基对皮亚杰的回应
- 092 其他语言学学派
- 093 20世纪80年代的极简主义
- 096 原理与参数
- 099 普遍语法原理与参数
- 101 原理、参数以及语言学习
- 102 有限差异
- 104 异议
- 105 解释语言
- 109 可有可无的技术
- 110 童话
- 113 尽可能最简单的系统?
- 115 完美设计
- 118 那份社会良知的缘起
- 122 乔姆斯基档案
- 123 乔姆斯基:社会批评家
- 124 "你说的是真的吗?"
- 125 巴别塔
- 128 乔姆斯基对自由至上主义的继承
- 130 亚当·斯密的"卑鄙信条"
- 132 启蒙价值观
- 133 无政府主义
- 134 还有自由主义?
- 135 实干派知识分子
- 136 美国悖论
- 138 制造共识
- 140 粉碎工会!

142 阶级与贫穷

144 你怪谁?

146 苏联解体

150 谁应道歉?

152 铭记越南

154 克服"越南综合征"

156 印度尼西亚—东帝汶档案

158 东帝汶

160 尼加拉瓜档案

163 烂苹果理论

164 谁是罪犯?

166 政治委员和专业游戏

170 参考书目

175 致谢

176 索引

乔姆斯基简介

诺姆·乔姆斯基（Noam Chomsky）作为一位语言学家和社会改革家的重要性使他成为 20 世纪最富挑战性的人物。

您曾说，人类语言的组织原理与生俱来。至今这仍是一个充满争议的想法。

是的。在我看来，人类大脑拥有一种与生俱来的语言官能（language faculty），这种生物天赋在某种程度上是所有语言共有的一套原理系统，而这个系统正是"普遍语法"（Universal Grammar）理论的主题。

有两位"乔姆斯基"：一位引入崭新的视角来看待语言和人类的创造性；另一位严厉地批判发生在世界上任何地方的社会不公和国家暴力。两位乔姆斯基可被视为同一人——启蒙运动传统的继承者。让我们先从语言学家乔姆斯基开始吧。

存在与语言

人之为人在于语言。语言被用来理解我们自己和他人、被用来与我们世界的现实打交道,它参与种种有意义的行动。

语言似乎为我们工作。它似乎恰到好处。

语言学的任务就是为人类语言提供一套深度解释。

语言之钟

语言像是一座钟。它发出声音,它产生意义。声音为语言的外在表现,它仅仅是一系列发生在空气中的扰动,一簇或一连串的声响,比如,

而在日语中,图中这个词本身没有任何意义。一旦语言发出鸣响,它便开始与心灵接触。声音承载着内在意义,而内在意义呈现于心灵("六点了,该回家了。")。于是,我们发现有这样一道结合面:一边是声音的表征方式,即**语音形式**(Phonetic Form, PF),另一边则是意义的表征方式,即**逻辑形式**(Logical Form, LF)。句法(Syntax,一种居间结构)将两者联系了起来。

这座连接起声音与意义的桥梁,它的本质是什么?儿童如何才能获得这道句法的结合面?

语言的使用

语言在文本上是复杂的，它既包括数以千计浮动的**会话填充语**（conversational fillers），例如，"嗯啊"，也包括大量的编入了哲学思想和强烈情感的**叙述文**（narratives）。

> 通过一个小小的言语行为，我们就能合法地结婚、让远洋邮轮下水或者判处某人死刑。

在一个显示出区域特征的言语共同体（**方言** [dialect]）中，我们每个人都有一套使用语言的方式，这种方式高度个人化（**个人方言** [idiolect]）。同样地，我们勾连在多重**语体的**（stylistic）网络上。

> 男人和女人的性别方言（genderlect）。

> 医生、体育评论员的社会方言（sociolect）。

从婴儿到老年，"我"的表达方式不断变化。

我们如何认知语言?

操个同语言的人常常会相遇,彼此**借用**(borrowing)、**交换**(switching)他们的语言。于是,有时就会出现一些新型的临时混合语,例如**皮钦语**(Pidgin),这类混合语稳定下来后,便成为**克里奥尔语**(Creole)。通过他们的言说、书写和手势(打手语),语言在巨大的时空距离上来回穿行。

语言能够忍受极端的物理环境,例如,北极冻土带上寒冷夜晚的因纽特语(Inuit)。

菲律宾米沙鄢岛腹地的伊隆戈语(Ilonggo)。

世界上大约有 5000 种语言,分布在不到 200 个国家的境内。

所有这些共享生活形式的现象被称为"语言"。

什么构成了我们的语言之**知**?为了回答这个问题,我们必须远离"什么明显地'呈现于心灵'"这一问题,往后退上几大步。

多样性分化

语言与我们的存在亲密无间,以至于我们常常没有注意到它。语言因其多样性呈现出种种差异,人们使用语言的能力也因人而异。由此,我们很少注意到语言间潜在的相似性。例如,表面上看,方言 A 与方言 B 可能差距甚大——但分别说这两种语言的人差不多可以明白对方说的话。

A:西约克郡英语
Ah were reet chuffed me. It were siling daan but ah kept lakin int' ginnel anyroad.

B:标准英语
I was very pleased. It was raining heavily but I kept playing in the alley anyhow.

事实上,这两位说不同语言的人共享了通用规则和语言作用机制的核心。他俩"知晓"同一种语言。

进入语言之核

语言的底部结构可以沉睡很久,经过漫长的历史也不曾改变。它的共同核心极少极少发生改变。

我们如何对语言予以说明?

我们往往偏爱明白通透的说明,越浅显越好。传统心灵哲学——无论是**理性主义**的还是**经验主义**的——存在重大缺陷:它假定,通过内省我们可以获得心灵的内容。

事物对我们来说最重要的方面由于其简单平常而掩蔽着。(你不会注意它,因为它一直都在你眼前摆着。)路德维希·维特根斯坦(Ludwig Wittgenstein)

对语言进行的分析并不直截了当。这种分析绝非通透,更不必说它有多明晰。

说起其他那些能够相互交流并因此拥有语言的动物,比如海豚、大猩猩、鲸鱼和飞舞的蜜蜂,难道我们不和它们共享语言吗?

语言与交流

乔姆斯基断言,语言单单属于人类这一物种,它是人人都具有的**生物天赋**(biological endowment)。但是,"生物天赋"是什么意思呢?"物种特性"意味着什么呢?

语言是一种生物属性(biological attribute),这是说,在语言的深层特性当中,有一些是由基因决定的,一如我们之为谁、我们之所是的许多其他方面是由基因决定的。

这么说来,期待动物开口说话不得要领?

对的。猪不会飞,海豚不会说话嘛。

但是,语言不就是"交流"——更准确地说,不就是一种交流工具吗?

语言的两种常见用途

1. 社会关系

从统计角度看,语言也许只是用来构建并增强个体间社会关系的工具,这是它最常见的用途。

2. 自我表达

> 闲谈很可能出于在一个舒适、自如的社会环境中建立社交纽带的需求。

> 在许多谈话(也许是大多数谈话)中,人们没必要有"工具性目的"。

> 语言可以简简单单地用来,而且也常常用来表达自我或澄清自己的想法。

动物会用到某些交流系统,但它们的交流完全不具备人类语言所独有的特征,例如,语词之间关系的组织方式——语言的**结构依赖性**(structure dependence)。

另一个重要的特征是自然语言的**离散无限性**(discrete infinity)。不存在最长的句子(无限性[infinity]);只可能有诸如六个词或七个词的句子,不可能有六个半词的句子(离散性[discreteness])。这一特性在动物界尚未发现。

结构依赖性

语言另一个重要的典型特征是**结构依赖性**。这是一条对所有语言的句法都适用的普遍原则。知晓一门语言意味着你知晓的不是区区一串语词或一段语词的**线性序列**,而是它们之间的**结构关系**。儿童总是能正确地使用那些与结构依赖性有关的、**在计算上复杂的**(computationally complex)规则,对"Is the girl who has freckles Rosie?"和"Has the girl who freckles is Rosie?"做出区分。

当句子中的一些要素发生位置移动,形成疑问、被动或反身结构时,结构依赖性就变得十分复杂。来看下面的两个例子。

结构依赖原则并非某个特定语言的结构特征,它对所有语言都适用。

语言之知

操某种语言的人如何组织他们的**知识**(knowledge),使某个形式或句法结构成为如此这般的样子?——探究这些问题是乔姆斯基的主要目的。

婴儿从一个对语言一无所知的初始零状态(S)出发,历经S^1,S^2,S^3等阶段,顺利地驶过资料之海,最终来到一个稳定状态(S')。从这时起,状态改变就微乎其微了。

乔姆斯基不仅考察了大多数语言,还考虑了儿童的心脑(mind-brain)状态,与此同时,他引入了一个有益的区分:**外在语言**(E-language)与**内在语言**(I-language)。

外在语言与内在语言

乔姆斯基创造性地提出了**语言能力**（competence）这一概念，用它来指称讲母语的人所拥有的知识系统。这一认知系统或认知领域得到了相当不同的处理，被重新构想为**内在语言**，即一种心脑状态。内在语言是儿童在开始学习语言时所获之初始状态的例示。内在语言高度抽象，与日常行为和机制相去甚远。与之形成鲜明对照的是，**外在语言**是外在的、延展性的，它意指任何非内在于心脑的语言概念。因此，如果你提到"爱尔兰语"时，把它说成是他们在一张点缀着橙色斑点的爱尔兰地图上所说的语言，你便是在使用外在语言。外在语言在概念上与**语言运用**（performance）——即语言实际上是如何使用的——有相似之处，但它与乔姆斯基早期提出的这个术语没有任何特殊的关系。外在语言同语言能力或语言运用——这两者有生物学特性——没有关联，也与复杂的社会政治构造无涉。

您的外在语言/内在语言之分相当地有挑战性。

我提出这一区分的理由很简单：外在语言意味着不统一、不一致，因此没法理解。

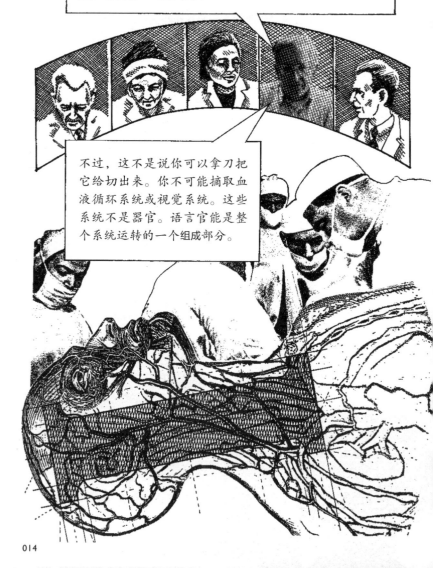

系统内存在各种有特定功能的组件。有一个假设是说，语言官能就是这样一种组件。语言官能有其初始状态，而且我们知道这种状态会发生**改变**。我所做的有别于你所做的。但只要差别不大，我们就大致可以说，我们是在说同一种语言。

会有一些明显很大的差别，但这些差别全都来自同一个初始状态。

系统经历初始状态后，便会在几个不同的节点上稳定下来，一个节点是 6 岁左右，另一个节点大约在青春期。和其他生物系统一样，语言也会发生改变，直到成熟；环境会影响语言，尽管事实上这种影响相当不显著。拥有某种内在语言 L 就是拥有一种处于特定状态的语言官能。由于幼儿时期的经验等，我的视觉系统（状态 S）不同于你的视觉系统（状态 S'），但我俩的视觉系统足够相似，使得我们能够出于平常的目的以同样的方式观看事物。语言也是这样。虽然我的语言系统处于状态 L，你的语言系统处于状态 L'，但它们足够相似，不妨碍我们之间的交流。

不过,这里的"我"也提醒我们,它是一个技术性用语。

"我"这个词是语言中偶然的便宜之用。这是通往个体（individual）语言的一种方法。这种方法是内在主义的（internalist），跟其他的生物学方法如出一辙。它又是意向的（intentional），这是说，它是在描述某种意向功能。

因此，这是内在语言。它是一个技术性用语。它最接近我们对语言的直观看法——针对语言的理论研究。

语法？还是政治？

类似地，世界也并未分成诸多语言，这不是说，我们不应该使用"汉语"这类概念。汉语之为语言，殊不亚于罗曼语之为语言，但它是用作地图的。"汉语"这一概念没有任何毛病，正如我蛮可以说我生活在波士顿区——只要没谁头脑不清，真的认为世界被分成了诸多客观存在的区域。对于许多生活在意大利半岛上的人来说，意大利语曾是他们的第二语言，但现在它是第一语言。如此一来，这种变化似乎**意味着**什么，但却没有理论予以说明。

美国结构主义

乔姆斯基认为,语言学的真正目标不是对语言进行地图绘制。其目标不只是一次穿越一大堆杂乱的外在语言的航行(无论为这片混沌绘制地图来得多么有趣)。然而,有许多语言学探究致力于这一方向。美国结构主义(structuralism)奠基于经验主义传统,它给自己定下任务:为大规模的语言材料给出条理清楚的解释。美国语言学界的领军人物**莱纳德·布龙菲尔德**(Leonard Bloomfield,1887—1949)强调……

> 只有对语言事件所做的直接观察才能产生有关语言的陈述。

乔姆斯基公开表态,他在观念上与经验主义传统决裂。在其划时代的著作《**句法结构**》(*Syntactic Structures*,1957)中,乔姆斯基开门见山地提出了他的宣言。

> 理论不是分类,也就是说,它不是在对大量的材料进行组织。它是为"可能的人类语言"给出的严格描述。

因此,核心问题一定是:何种语法过程是可能的,以及哪些语法过程是不可能的。

索绪尔怎么样?

> 人们普遍认为,索绪尔(Ferdinand de Saussure, 1857—1913)对语言学领域产生了巨大的影响。在您看来,他的语言学理论的基本贡献和缺陷是什么?

好吧,一个缺陷是它所涵盖的范围极为有限。老实说,我认为索绪尔本人并未严肃地对待语言学。他虽不得不教授普通语言学的课程,但他并未对此说太多。我翻遍了他的笔记,这些笔记要比公开出版的那部分有趣得多。不过,这些笔记里也没有太多的东西。若想教授语言学,你不必真的知道如何去教授它。

贡献?坦白地说,就算有贡献,我也不觉得它带来了什么影响。它把人们的注意力引向了有关结构的事实,而不仅仅是项目清单。美国的结构主义学派也有类似的想法,但其来源不同。这种情况还在发生。

从索绪尔到罗曼·雅各布森(Roman Jakobson)等人的布拉格学派*这一系当然有积极的影响。眼下,这种影响只是体现在一种看待事物的方式上,对语义学的影响似乎并不大。不过,说到一般概念,我觉得它几乎令人费解。我不明白他们所说的**语言体系**(langue)指什么。但它肯定不是指结构。

---

* 在 20 世纪 20 年代末到 30 年代这段时间里,布拉格学派提出了一套**音系**(phonology)理论,根据一组组区别性对立(distinctive opposition)对语音进行分析。

那您认为谁是语言学领域中更为重要的人物呢?

毫无疑问,同一时期的叶斯伯森(Jespersen)给出了更为重要的理解。当他提出心灵中有一个与生俱来的结构时,他实际上走到了一个漫长的语言学传统的尽头。这一提法构成了自由表达和作为一种个体性质的语言使用的基础。

我认为,它很可能牵涉词法(morphology)和词库(lexicon)。

对的,因为如果语言中有什么东西发生改变,它最终也会以词法学可研究的面貌出现。

奥托·叶斯伯森（Otto Jespersen, 1860—1943）是一位丹麦语言学家、英语语法和语言教学的权威。他开创了一场基于日常会话的外语教学运动。1905年，叶斯伯森出版了具有影响力的《**英语的发展和结构**》（*Growth and Structure of the English Language*）一书，1909年至1949年这段时间里，出版了他的七卷本的《**现代英语语法**》（*Modern English Grammar*）。

我考察了语言中语音和意义之间的关系，在此过程我受到了达尔文进化论的很多影响。

叶斯伯森最重要的成就是对语法之"逻辑"的刻画，据此，他对索绪尔一派语言学的核心信条加以拒斥，从而预示出现代句法理论和儿童的语言习得理论。

伽利略法

乔姆斯基感兴趣的是这样一个问题：在**认知**领域，"伽利略风格"的探究活动能够在多大程度上、以何种方式带来对人性之根源的理解？

如果我们乐于承担起可能具有深远影响的理想化工作，如果我们乐于构建起抽象模型，赋予它们比平凡的感官世界更重要的意义，相应地，如果我们乐于容忍未经解释的现象，甚或那些迄今还未得到解释的反面证据——这些理论构建的反面证据在某个受限的领域内、在某种程度上达成了解释上的充分性，那么，我们能否抱有超越表象的期望？

乔姆斯基《规则与表征》(*Rules and Representation*)

抽象

根据伽利略法,构建抽象模型就是构建出一个比基于感官世界所获之现实性有着更高现实性的抽象模型。在广泛的抽象化过程中,我们超越了日常的语言世界。

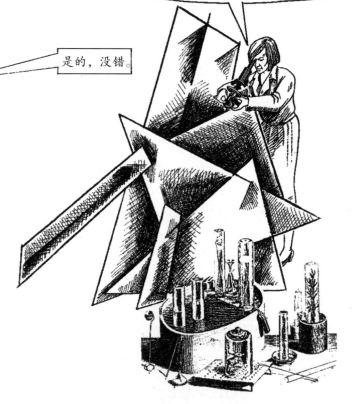

在 18、19 世纪时,化学家们讨论了元素及其性质、元素周期表、化合价以及苯等。这是一些**抽象**实体,它们最终关联于彼时还未知的**物理**实体,经过在一个抽象的描述层面上进行表述,它们展现出诸多性质。

"语言是一种向他心传达自身想法的方法:任何语言的语法都是对其结构所做之观察的集合,它是一个有关语言之恰当使用的规则系统。"

《基础英语语法序言》(*Preface to the Rudiments of English Grammar*, 1772)

约瑟夫·普利斯特利(Joseph Priestley, 1733—1804),科学家、语法学家

理想化

乔姆斯基是一位**理想型**（ideal-type）语言学家。

出于理论说明的目的，我干了两件事：我提出了理想的话听者（ideal speaker-hearer）这一概念，并剔除了语言习得过程中的时间因素。

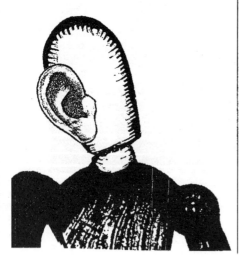

来看后面这一步：乔姆斯基提出了一项假说，认为**普遍语法**机制为语言构造了一种**即时**（instantaneous）语法。该假说基于这样一个假设：在实际的语言习得过程中，没什么能影响此过程，没什么能使此过程的结果不同于即时习得语言的情形。

理想型

德国哲学家、社会政治理论家**马克斯·韦伯**(Max Weber, 1864—1920)提出了理想型这一术语。社会科学的研究方法以"不是所有判断都应基于经验事实"作为出发点,其方法正是以理想型为特征。

经济学理论往往做出特定的假设——这些假设极少同现实相符,但它们接近现实的程度不一——并发问:"在这些假定的条件下,如果人的行为完全出于理性,他会如何行动?"

《经济与社会》
(*Economy and Society*)

在检讨意识形态、宗教、社会结构和物质价值之间关系的时候,韦伯特别强调了对客观性的需求。

政治经济学当中也有抽象。来看一看抽象化的研究方法在马克思的资本理论中是如何运用的。

只有当个体是经济范畴的人格化身，是特定阶级关系和阶级利益的具体体现时，他们才会被讨论。

操某种语言的人通常不理解有关其语言的理论，正如人们通常不理解有关其视觉系统的理论。在这两种情形中，理论是一种理想化表达，它忽略了许多被认为与当前目的不相关的因素，并力图发掘被这些因素遮蔽了的深层原理。

侵犯玫瑰

遥远的、秘密的、不可侵犯的玫瑰，
拥抱我……

叶芝（W.B. Yeats），《秘密的玫瑰》（*The Secret Rose*）

对所有物理实在以及包括语言在内的精神实在之本质所做的理性探究都是依靠剔除**差异**进行的。例如，让我们来考虑一朵玫瑰花。我们可以描述它的形状、颜色以及迷人的芬芳。

一旦我们将它描述为"生物"，也就是说，一旦我们从营养物质的流通和脉动或氧－二氧化碳循环的立场来看待它，玫瑰所有的外在之美似乎就消失在化学进程的不断变化中了。

事实上，我们仅仅隔离了花香，并未否认玫瑰的实在。简单地说，是我们的目的和立场发生了改变。这样一来，适用于马克思理论和玫瑰的，也适用于语言。

理想模型

语言学理论关心的主要是**理想的话听者**:他生活在一个完全同质的言语共同体之中,完美地掌握这一共同体的语言,未受语法上无关条件的影响,这些无关条件可能包括,

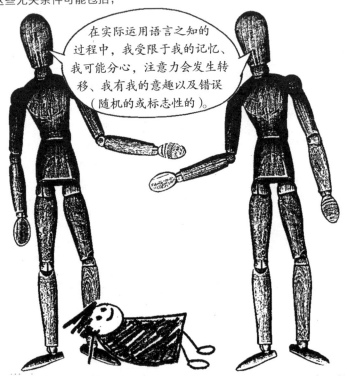

在实际运用语言之知的过程中,我受限于我的记忆、我可能分心,注意力会发生转移、我有我的意趣以及错误(随机的或标志性的)。

就这样,我们在**语言能力**(话听者所拥有的这门语言的知识)和**语言运用**(具体情境中语言的实际使用)之间做出了一个根本性的区分。只有在理想化的条件下,语言运用才是对语言能力的**直接反映**(direct reflection)。对自然言语所做的记录将会展示许多错误的苗头、对规则的偏离以及中途计划的更改等。无论是对于正在学习语言的儿童,还是对于语言学家,问题在于,要从语言运用的资料中确定出根本的规则系统,而这个规则系统不仅已经被话听者(the speaker-hearer)掌握了,而且还被他付诸实际的语言运用。

> 一门语言的语法据称是对理想话听者的内禀语言能力的描述。
>
> 乔姆斯基

为了使语言成为理性探究的对象,我们不妨认为语言的多样性和差异性在目前的这个研究阶段是无关的。让我们构造这样一个理想模型:生活在某一共同体内的话者(speaker),他们之间不存在任何语体、方言或其他类型的差异。

这一理想模型不可能出现在真实的语言世界。它无法运转,不是对语言的正确表征。

没错,但就这一理想模型而言,也就是说,就这个虚构的同质言语共同体而言,语言之知在每个人心灵中的表征都是一样的。借助一个假定了这种一致性的广泛抽象,我们就能将每一个成员称为理想的话听者。

语言之为心智器官

我们大可以像研究生物学问题一样,以伽利略式的方式来研究语言与心灵(mind)的问题。为了研究人类的视觉系统,我们会先试着将其从它的物理环境(也就是它与血液循环等系统的相互作用)中抽取出来。通过理想化过程,科学家试图发现一些结构性原则,而这些原则决定了该系统如何运转——该系统如何在有机体中从初始的基因代码发育到它的成熟阶段。

若我们把语言看作一副认知器官——这是说,把语言看作类似于实际器官的心智器官——我们便会问到同样的一些问题。这副心智器官运转所依据的结构性原则是什么?该系统的功能是什么?

但"心智器官"这一提法不就一头扎进"身心问题"里了吗?

笛卡尔的物体理论

身心（mind-body）这一提法没有任何问题。身心问题之所以会出现并得到确切的表达，只是因为"物体"是一个由**笛卡尔力学**（Cartesian mechanics）界定的概念，而笛卡尔力学是一种接触力学，它处理推、拉、碰、撞等问题，由法国哲学家、数学家**勒内·笛卡尔**（René Descartes, 1596—1650）提出。[body 有身体、物体的含义。——译者按]

无生命的物体、动物以及人的身体，所有这些现象都可以用一台机器的行为——其行为被各个部件的行为和外部环境决定——来予以说明。

可是，人类语言并没有落在这一领域。虽然人类的日常谈话没有什么限制，富有创意，与刺激或控制无关，但同时它也连贯一致，能够与不同的情景适配——我称之为"语言使用中创造性的一面"。

为了阐明笛卡尔力学以外的现象，笛卡尔主义者试图寻找更为丰富的原理，因此，他们假定了第二种实体，**思执**（*res cogitans*），也就是"思维实体"，思维实体不仅有别于身体，而且与身体相分离，但它能够与身体相互作用——两者相互作用的方式正是大量哲学探究和争论的话题所在。

> 这种思维实体便是我们称作"心灵"的东西。

身心问题这部大剧完全上错了舞台，它应该出现在科学剧场，而不是哲学剧场。这部剧恰当的名字应该是"大脑与心灵"。

> 谈论心灵就是在一定层次上谈论大脑，正如谈论行星的轨道就是在一定层次上谈论物理实体。

有关身心问题的经典表述是由我们称作哲学家的那群人——例如笛卡尔和莱布尼茨——提出来的,但他们自视为我们今天所谓的"科学家"。

> 我们当前对科学和哲学有一个区分,但该区分在这些经典探究所处的年代还不存在。

就连经验论者**大卫·休谟**(David Hume, 1711—1776)也把他的工作称为一项科学事业,特别是认知事业,由此将其道德哲学界定为"人性科学"。休谟的事业曾是科学的一个分支,其时,科学关切的是"那些驱动人类心灵运转的隐秘发条和原理",而这些"隐秘发条和原理"本质上是笛卡尔意义上的先天观念。

> 我把我的事业看作与牛顿的物理学研究相类似的事业。

新型物体理论

在牛顿一系列发现的重压下,笛卡尔主义的物体理论很快就崩塌了。我们现在不再有一个明确的物体概念。毋宁说,**物体理论**(the theory of body)——或曰物理学——由力、波、粒子等概念加以表述。

我们不再能问,是不是有些现象处于"物体"的范围之外。我们只能问,我们眼下的"物体"概念是否能够恰当地阐明某些现象。

如若不能,你必须扩展并修正你的基础物理学,就像我对笛卡尔力学加以扩展,由此来阐明天体运动时所做的那样。

牛顿

现在,问题被分成了两部分。其一是探究心灵现象;另一则是通过发现一些物理机制——这些物理机制要能表现我们在探究心灵时所发现的性质和原理——设法将心灵现象并入自然科学。

> 我通过人类行为背后的认知系统来研究人类的行为,做此研究时,我采取的是心智主义的范式。这种做法不仅符合常规科学的实践,而且它还向着将行为研究并入自然科学的目标迈进了一步。人类语言是这些认知系统中的一员,这一认知系统,包括它的特性和原理,可被确认为人类心脑(mind-brain)的组成部分。

在个体从胚胎到成年的发育过程中,这一认知系统是如何发展的?

若语言为人类独有,那么,我们是如何学习它的?

斯金纳的行为主义理论

行为由其后果塑造和维系。

B.F. 斯金纳《超越自由与尊严》(Beyond Freedom and Dignity)

哈佛大学心理学教授 **B.F. 斯金纳**(Burrhus F. Skinner, 1904—1990)从刺激—反应式的动物行为出发来推断人类的语言行为:行为由环境强化所决定。在穿行迷宫之际,老鼠触动了一根弹簧,偶然间做出斯金纳想要予以强化的行为。于是,他用饲丸奖励这些老鼠。

重复行为会带来更多的食物哟。

婴儿的语言技能以差不多同样的方式来自成人榜样,其语言技能是受到强化的模仿。一些咿呀学语的声音受到强化,另一些则没有。如果较小的语言单元正确,它们将受到强化,而且婴儿会继续学习较复杂的组合。

"我们也可以通过发出言语行为……或不发出言语行为(保持沉默并予以注意)……或未来某个场合里的恰当行为……来强化某人。"

斯金纳

对行为主义的反驳

1959年,在为斯金纳的《**言语行为**》(*Verbal Behavior*)撰写的书评中,乔姆斯基对行为主义心理学提出了一个初步的反驳。在乔姆斯基看来,儿童并非生来白板(*tabula rasa*)一块。相反,每一个儿童都会通过基因自然而然地让知识的习得方式形成系统。

"X受Y强化"一语只是诸如X需要Y、X喜欢Y、X想要Y的总称。乞援于"强化"一词并不会带来解释效力,而且,在这一段中,虽然斯金纳为刻画希望、喜欢等行为引入了新的明确性或客观性,但其中的任何一个想法都是严重的错觉。

斯金纳的阐论拒绝所有有关内在状态的假设,他认为人类行为完全取决于早先发生的事件。在乔姆斯基看来,这种把人类行为还原为"条件反射"的做法与实际情况的复杂性、意识的自由性相矛盾。

为了理解乔姆斯基的**心智状态理论**（mental state theory）和斯金纳的**行为主义**（Behaviourism）这两种范式的差别，我们不妨想象有这么两艘探月飞船……

BFS 1 根据斯金纳的原版理论设计而成。这艘飞船的配员是鸽子，它们盯着一块屏幕，屏幕上显示的正是前方所发生的情况。

NAC 2 能够测量并计算它的速度，能够应用一套内置的理论来为其航程导航，并对其位置做出必要的修正。

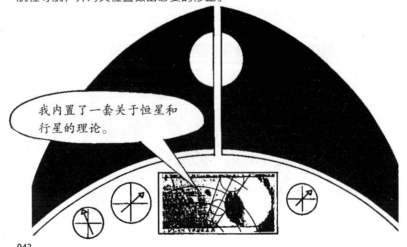

照目前的情形看,这两艘飞船当然都很可能抵达月球,实现它们的目标。因此,表面上看,它们似乎没有差别。不过,我们需要再深入地检查一番。

这艘具有认知能力的飞船 NAC 2 拥有人类知识的某些性质。这一差别对于人类之自由举足轻重。

如果人众(people)事实上是容易受到影响的**塑性存在者**(plastic beings),缺乏任何心理上的基本性质,如果有人声称拥有权威,特别是拥有知识,并能就何为良好生活为那些较为蒙昧的人提供独一无二的识见,那么,为什么不让这些人对人众进行控制并予以强制呢?

柏拉图之问

在一生的旅途之中,为什么我们的所知所求、我们的理解可以由极少发展到极多?为什么我们人类的一生如此短暂、如此个人、如此有限,其产出却如此之多?乔姆斯基将这一谜团称作**刺激的匮乏**(poverty of stimulus)。

> 我们可能在物质上、在智力上贫乏,在身体上病弱,缺乏意志与专注力,毕生都在遭受边缘型人格障碍之苦,尽管如此,心灵的认知系统还是在静悄悄地构筑它的大厦,始终如一,它似乎不在我们的控制之中。

> 我们知道这么多是因为我们记起这么多——对某个生前之存在的回忆。——柏拉图

戈特弗里德·莱布尼茨(Gottfried Leibniz, 1646—1716)对该解释感到不满,但其论调与柏拉图的核心论点是一致的。乔姆斯基追随莱布尼茨的观点,并做出了进一步的表述:人类所据有的知识源于心灵与生俱来的品质。

> 也许,"对某个生前之存在的回忆"只是在说心灵与生俱来的品质?——莱布尼茨

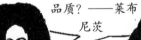

> 若我们只是一部会说话的"野兽机器"(beast-machine),我们为什么在语言上有这么大的创造力?——笛卡尔

语言并非学来的,而是生长起来的

"语言学习"(language learning)一语已成明日黄花。它是过去留下的一件老古董。儿童并非在**学习**语言。语言是在儿童的心脑中**生长**。

看来儿童并不是拿着一本语法书来安排万事万物。他们甚至还不具备相关经验,让他们做出归纳总结——例如,"彼此"(each other)的先行词要用复数。

> 儿童会犯下许许多多的错误,但他们不会认为"The men wanted me to listen to each other"是组织得当的句子,其意为"Each of the men wanted me to listen to each other"。

在**语言习得**(language acquisition)过程中,儿童已然带着一大堆重要信息。因此,他们可以 点 点地进步,直至成熟的认知状态。

与生俱来

乔姆斯基用了**与生俱来**（innate）一词，但它不是说，语言已然成形，停在儿童的大脑里等待着被说出。毋宁说，儿童有一套基因程式、一幅蓝图——一旦他们准备好了，便可随时调用。当婴儿从心灵中提取所谓"语言"时，他所发现的不是一份递过柜台的外卖，而是一本烹饪书，其上只有少许简单的程序和流程规则。

当然，这本烹饪书还不能像平常看书那样来查看。

我喜欢粉球冰激凌

冰激凌手册

语言是作为语言官能的具体体现出现在儿童的心脑之中的。这一过程历经三个状态：

初始状态

一系列状态（随着儿童在言语共同体的成长）

稳定状态（在青春期期间或此前）

稳定状态只会以相对表浅的方式发生改变，其改变方式主要来自于对新词汇的获取，而获取这些新词汇是为了达到习得后天语言的条件。习得一门语言不在于儿童所做的事情，而在于在他们那里所发生的事情，这一过程像是还在发育的手臂而不是翅膀，或者，它像是成熟过程中的某个阶段，正在经历青春期。这些过程取决于外在事件，但语言发展的基本路线是内在决定了的（internally determined）。

你不想大拇指一直长下去吧？

对的。而且随着语言的生长，你就会通过对语言等认知过程的细致分析，发现其中的种种限制。这正是语言学何以如此重要的原因。

生长与学习的限制

在论证语言于心脑中生长这一观点之际,乔姆斯基借用了 18 世纪哲学家**詹姆斯·哈里斯**(James Harris)的隐喻。

知识的生长……[类似于]……果实的生长;外在原因可能会在某种程度上予以配合,但无论如何,内在活力以及果树的效能一定会将果子催至成熟。

"人类心智完全可被任意加工,人类可以学习任何东西"这一学说是遵照智性传统设计出来的,它是一种误解。人类心智高度受限。它可以沿某些方向发展,但在另一些方向上则否。

语言不是模仿

那如何看待**模仿**？极少有人会说，我们之所以经历青春期，是因为同辈压力或看到他人经历了青春期。我们不知道是什么因素决定了青春期的来临，但我们可以合理地认为，它是一个内在导向的系统。

这么说，语言是顺其自然？

通过理论探究和经验探究，我们对语言知道得更多了。

语言并未像社会产物那样，被定义为某种"学来的"或"获得的"东西。但这么一来就引出了两个重要的问题。

1. 何为语言之知？
2. 语言是如何被习得的？

何为语言之知?

好吧,该问题的标准答案是,"语言之知是一种能力、一种倾向(disposition)"。

> 就像学习骑自行车,我们可以反复练习。我这么看。

另一个答案在回应"语言是如何被习得的"这一问题时自然会出现。

> 是通过训练形成习惯,或归纳这类"一般性的学习机制"。

维特根斯坦

斯金纳

> 这两个回答完全搞错了。

设想刘英学会了演奏大提琴,有一天,她在路上遭遇事故,头部严重受伤,结果她完全丧失了演奏乐器的能力(尽管如此,她的身体机能并未受到影响)。

当刘英的脑部创伤被治愈后，音乐又再度响起。那么，在这一过程中是什么被完好无损地保留了下来？

难道是我音乐技能背后的认知系统？

你可以说，你的器乐能力实际并未消失，消失的只是对它的运用（exercise）。但是，你这么说相当于给了我们两个关于能力的定义，而这两个概念相当地不同。

后一种定义是通常的说法，而前者是一个被创制出来的概念，它仅仅指知识，是一套说辞。据此我们一定会得出结论，说被保留下来的是**知识系统**（system of knowledge），也即心脑的认知系统。据有这种知识和拥有能演奏巴赫的实际技能并不是一回事。事实上，刘英可以去学着演奏巴托克，并显著提高她的技能，而与此同时，其知识没有任何改变。

下面是另一个例子。让我们看看如何在英语中构造疑问句。

Patsy Rabbit ate Farmer Giles' carrot.（小兔帕齐偷吃了农夫贾尔斯的胡萝卜。）

现在，为了构造出一个疑问句，你可以把这个句子里的某个词组拿掉，然后插入一个疑问词并把它放在句子的前头：What did Patsy Rabbit eat?

或者这个句子：I believe Farmer Giles saw Patsy Rabbit stealing his carrots.

你可以把它变成：What do I believe Farmer Giles saw?

不过,你不能次次都这么干。比如,I believe Farmer Giles' assertion that Patsy Rabbit was eating carrots 这句,你不能变成:What do I believe Farmer Giles' assertion that Patsy Rabbit was eating?*

那我怎么知道那不是个句子?老师给我纠正过?我听过这种说法?我觉得这不靠谱,再说也没谁犯那种错误,所以我并没有被纠正过。

* 不合语法。

非归纳能力

环境中没什么能告诉我那串带星号的语词合不合语法。因此,如果完全走归纳流程,我们就不得不说,那是个正确的句子。我们似乎要把归纳法给扔掉。怎么回事?好像有什么东西提醒我们:那个带星号的句子不合语法,而且,虽然我们对哪个句子可行、哪个句子不可行有所判断,但这些判断之间的关系并非归纳关系(inductive relation)。任何一位称职的自然科学家一定会得出结论:这种差别根植于(懂了没?)生物的本性。

语言学习不在于你所做的事情。它贲临（happen to）于你。

来为约翰·列侬（John Lennon）的歌词做一解读……

盲目地筹划,忙忙忙语言贲临。*

* 出自列侬的"Beautiful Boy",原词为:"Life is what happens when you're busy making other plans." 这里作者将"Life"换作了"Language"。

——译者按

"妈妈语"

环境当然有影响。从幼儿期开始,你就处在一个社会环境当中。你发觉你所处的环境决定了普遍语法的参数如何设定,例如,你的语言是泰语还是威尔士语。你可能处于一个富有刺激的环境,也可能处于一个乏于刺激的环境。

那妈妈语(Motherese)呢,这种说给小孩子的简单语言怎么样?既然妈妈语是被仔细构造出来的,那它不也发挥着作用吗?不仅如此,随着小孩子的成长,许多语言结构将发生改变!

喂!妈妈语不是火星语。不一样,好吗?不过,儿童所获之性质并没有显著差异。妈妈语在很大程度上受制于文化(culture-bound)。

除了在具备良好语言环境的中产阶级家庭中,大多数儿童在学着说话时并没有人予以他们太多的关注,有时候,他们处在极糟糕的环境中。

一些小孩在巴西里约的街头学会了葡萄牙语,他们并未从一个可供其使用、经过精心编制的学习系统中获益。

所以,说话的能力是由心灵的某种成熟状态和两个因素的相互作用造成的:其中一个因素是心灵与生俱来的性质;另一个因素便是环境。

不过,要记得,虽然你通过检视人们的语言之知,发现了这一成熟状态的**深层性质**,但你的发现根本就没有出现在环境中。真正值得关注的是**儿童没有犯的那些错误**。

"语言在心灵中觉醒:你只是提供了一根线,沿着这根线,语言自行发展。"

威廉·冯·洪堡(Wilhelm von Humboldt, 1767—1835)《国家的理由》(*Reasons of State*)

来自学界的抨击

在论说语言的生长之际,乔姆斯基将环境放在了一个不重要的位置上,他的这一做法激怒了一大批来自各个领域的批评者。他们的攻击主要来自于这一观点:语言首先是一个社会事实或文化事实。其非难有五处来源。

1. 人类学语言学:一如在美国描述语言学传统中得到明确表达的,**爱德华·萨丕尔**(Edward Sapir, 1884—1939)认为:

> 直立行走是人的一种固有的生物功能。但语言不是。言语是一种非本能的、后天习得的文化功能。

2. 社会学:某一社会群体的"惯习"(habitus)——包括它在社会层面上构建起的激励结构或性向之系统——引出了诸多实践,而这些实践反过来又产生惯习。

> 语言知识来自语言实践(language practice)。

3. 政治经济学

语言（作为对象的语言）从它参与其中的活动，尤其是从它参与其中的经济关系中获得意义。

4. 哲学

说话是语言游戏（language game）的一部分，在语言游戏中，语词在实际语境中得到使用，而其意义恰恰在于它因使用而所是的东西。

5. 人本主义

将儿童的语言发展还原为对大脑里某种"装置"（device）的单纯提炼，是一种极端机械论的、反实在论的做法。这么做，许许多多鲜活的生命便消失了。

回应

所谓的人本主义异议是反智主义（anti-intellectualism）的一个精致样本。为了研究某一系统，你着手进行抽象，一旦这么做了，你就会受到指摘，说你的做法有违人本主义，是在哲学上搞活体解剖。为了理解世界，我们不得不探寻说明性的理论，而构建抽象系统正是最恰当的手段。

这么说来，你并没有完全否认环境的影响？

在合适的社会互动的诱发作用下，语言官能沿着一个内在决定了的路线在个体那里发展，并部分地为环境所塑造（例如，英语环境就不同于日语环境），正如早期的视觉经验可以改变视觉皮层上的受体在横纵两个方向上的分布。

乔姆斯基

话者后天习得的语言之知是一套他所掌握的这门语言的内隐（implicit）理论，该理论不仅预表了无穷多可能的物理事件的语法结构，也预表了恰当使用这些语法结构项的条件。

乔姆斯基

这些观点后来扩充成了一套更为宽广的语言能力观。

语用能力包括与各种目的相符的对环境的认知以及恰当的语言使用方式。

因此，你可以假定，语言的使用也受制于一套由**抽象原则**组成的系统。

> 语言是如此地丰富,如此地复杂。它包含着数不清的结构,其数量之多,远远超过你在环境中所能掌握的,因此,除非存在着某种与生俱来、预先就决定了的智性能力,否则,儿童绝不会习得语言。

语言有着无尽的可能。尽管它只能凭借有限的方式——声音、纸上的记号、手势——但它生成的语句却未有穷尽。因此,在深深潜藏着的内部,在语言的最核心处,一定存在着某种可以反复应用的**规则系统**,这一系统允许语言生成不计其数的结构,其范围之广,甚至超出了我们的想象,超出了我们以为我们能够掌握的范围;随着这一规则系统的发展,我们还可以创制一些结构。语言本身在不断地变化,而我们也会不断地遇见全新且未知的语言组合。

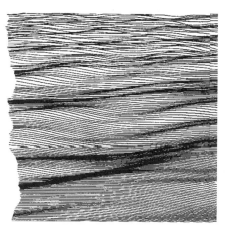

那什么是语言学?

理性主义哲学家将语言称作"心灵之镜":它能反鉴心灵的本质特性。被称作语言学的领域是该传统的继承者。语言学是认知心理学,或根本上,是人类生物学的一部分。更具体地说,语言官能容许各种可能的实现,也即各种具体的人类语言。因此,法语是其可能的表现形式之一,俄语则是另外一种。

借用话听者这一概念有助于我们澄清所谓的"语法"。

语言学家就像是研究太阳如何把热转变为光的物理学家。你无法坐着探测器去太阳那里做观察。你只能通过研究太阳最外层的光线来做出有益的猜想。类似地,语言学家是在描述大脑中的语法。

语言学家关注语言官能,他所关注的是**所有**人都具备的属性,而不是有关克丘亚语(Quechua)、尼夫赫语(Nivkhi)或西班牙语这类语言的不同知识。这就好比不同头型的人长着什么样的头(方头、圆头或长方形等等)在这方面没有任何相关性。关键在于,他们**全都**长着头。

创造性 vs 复用性

来看看所有语言都具有的双重特点：创造性和复用性（recursive）。语法系统可以反复应用。我们可以随意给出新的语句。生成的语言表达是无限的，但语法本身是有限的。

因此，语法规则可以被反复应用（iterate，源自梵语 *itara*，义为"另一种"）。一旦对语法规则精心修剪、周密定制，使之适应语言的分身（*alter ego*），语法规则便可以生成大量的语句。语法系统坚实稳固，一如瀑布顶端的磐石，赋以急流形态和秩序。我们知道如何在适当的情境中使用语言，我们也可以在全新的场合创造并领会新的语句。

行为主义者可能会说："所以说，环境决定了语言！"

不对的。我是说语言的使用与情境"相配"，不是说它"受刺激控制"。

所以，语言就在那儿，可为我们所用，它慷慨无私，有着无尽的可能，是思想自由表达的工具。所谓**"语言使用中创造性的一面"**就是这个意思。

说说两种语法

这些理想话听者的知识**表征**（representation）被我们称作语言的"语法"。

所以，我们其实是在谈论两种语法？

是的。语法1：内在语言；语法2：有关内在语言的理论。

"语法1"是说一种假定存在于心灵的结构，它指的是内在语言；而"语法2"是一套关于内在语言的理论，它由语言学家提出（在同样的意义上，视觉系统理论讲的就是视觉系统）。

就像我案头的这本西班牙语语法书？

不是，你那本语法书里讲的是传统语法，它是由某种高度复杂的、有关外在语言的观点形成的理论；就其目的（西班牙语）而言，它还不错，但要深入地探究语言，传统语法理论还不够。

语法和气体。还记得约瑟夫·普利斯特利的话吗？你不可能打开心脑，对"语法"一探究竟，但你可以像科学家处理原子或分子那般来处理语法。你可以为斯瓦西里语（Swahili）制定一套完整的语法，然后据此制作出一个斯瓦西里语**模型**。这套语法无非是一套详尽的操作程序。一套完整的语法就是一套规则，而这些规则生成语言。

> 我们不是说，这一模型复刻了中央神经系统实际的编码程序。不过，你可以得到一幅通过操作这些程序生成语言的画面，这是一幅更为清楚的画面，但要得到这幅画面，你需要发展出一些关于内在语言的理论（语法2），而这些理论以其结构生成各种表达式，也就是说，你需要发展出这些内在语言的语法2，也即有关内在语言（语法1）的理论。

因此，语法1以某种方式嵌在某人的神经系统里。让我们更切近地看看这个观点。

传统语法 vs 生成语法

为了回应描述语言学提出的分类模型,乔姆斯基做出了重大尝试,他的第一次尝试便是**生成语法**(generative grammar)。

生成语法如何区别于传统语法?

首先,这里有不止一种语法。

描述语法(descriptive grammar)对一些高度选择性的、在一门语言中得到使用的语法构造进行描述。

规范语法(prescriptive grammar)相当于一本手册,表明它对语法使用的态度:例如,哪些法语句子说得好,哪些说得不好。

参考语法(reference grammar)也是一套描述,只要一门语言的语法层面被认为对于某个特定的目的是有用的,参考语法书就予以引用。它意在成为一套有关事实的权威汇编。

教学语法(pedagogical grammar)是指用于教授和学习一门语言的教科书。

所有这些语法预设了话者知晓这门语言,或至少具备完好无损、能够履行功能的语言官能。它们默认了这一预设;无论传统的,还是现代的,或是致力于教学的语法学家全都错误地认为他们是在描述这门语言。他们充其量是在给出提示;而对于他们预设的那个已经拥有这门语言的知识的人来说,这些提示也完全够了。

生成语法是一套关于知识系统的理论。

生成语法试图回答其他所有类型的语法预设的问题,也即:能够使话者对标准语法书里给出的提示和例子做出会心会意的利用,并为他们所知的,是什么?

生成语法因此是一种**理论**(theoretical)语法。它试图回答这样一个问题:对于一个讲特定语言且理解这门语言的人,这一并入其心脑的知识系统是什么?又是什么构成了此人掌握并知晓的这门语言?——处理这一主题的理论便被我们称作"生成语法"。

传统语法对那些已经对一门语言有所知的人起到了向导作用。它们专注于用不合常规的现象、特异的事实这类信息来刻画语句结构的轮廓。

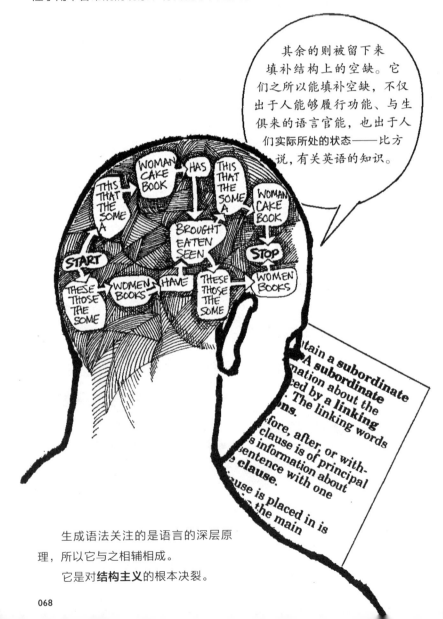

其余的则被留下来填补结构上的空缺。它们之所以能填补空缺，不仅出于人能够履行功能、与生俱来的语言官能，也出于人们实际所处的状态——比方说，有关英语的知识。

生成语法关注的是语言的深层原理，所以它与之相辅相成。

它是对**结构主义**的根本决裂。

与结构主义决裂

结构主义者不那么关心句法。他们感兴趣的是,如何对所有可从语料库中提取出的要素进行细致而紧凑的分类。

乔姆斯基:

1. 反对经验主义强加于概念构造的限制。

2. 重新定义了语言学理论的目标:对某一门"可能的人类语言"予以形式上的描述。

I'm Okay, You're Okay But Not

我们可以把某一门语言的"语法"表述为一套规则,这些规则极为严密地规定了哪些语句**可行**("可能的语句")、哪些语句**不可行**(像"you're okay but not"这类语句就要被打上星号)以及它们具有什么样的结构性质。

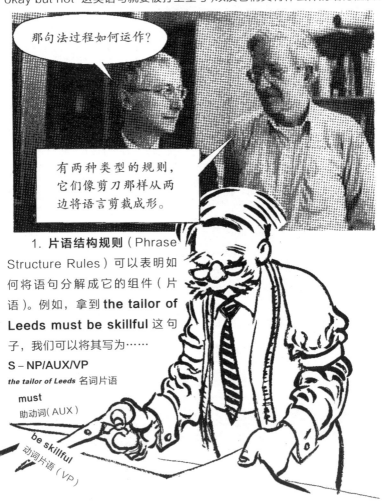

那句法过程如何运作?

有两种类型的规则,它们像剪刀那样从两边将语言剪裁成形。

1. **片语结构规则**(Phrase Structure Rules)可以表明如何将语句分解成它的组件(片语)。例如,拿到 the tailor of Leeds must be skillful 这句子,我们可以将其写为……

S – NP/AUX/VP

the tailor of Leeds 名词片语

must 助动词(AUX)

be skillful 动词片语(VP)

2. 第二类规则用于连接不同类型的语句。例如,墨菲定律(凡可出错的必会出错)有两种表述。当然,两种我们都能理解!

此处,墨菲夫人是在应用**删除规则**(deletion rule):被删除的语词必得有一与其相同且未被删除的对应项。

把删除规则反过来就会得到亨弗莱·鲍嘉（Humphrey Bogart）的**插入规则**(insertion rule)。来考虑这个句子 A storm is blowin' up（一场风暴即将来临）。鲍嘉说了什么呢？

There's a storm blowin' up.
Play it again, Sam.*

为什么会有个"**there**"？为什么我们要在句子前头加个无意义的"there's"？其他语言可不是这样的。要是在东京的一间酒吧里，亨弗莱可能会说：

嵐が来る。

风暴[主题标记"が"]来临。

* 这句虚构台词的原型实际上不是亨弗莱说的，类似对话发生在《北非谍影》(*Casablanca*, 1942)中的伊尔莎（英格丽·褒曼饰）和钢琴师之间。——译者按

并没有出现"there"。但根据英语的插入规则，你先得摆上句子的主语，再加入"there"。

而且 "there is a storm" 这句话里头的 there 并不同于 "Sam's piano is over there in the corner" 里的 "there"。

我们都知道，如果风暴压过来，"It's probably raining"。

"It"?

又来了！"It's raining" 这句是**表层**形式（surface form），也就是我们日常所讲所说的语句形式。和日语或他加禄语（Tagalog）等语言不同，英语中有一严格规则：所有语句必须有主语——除了某些特殊的构造，例如，祈使句和某些疑问句。懂了没？（Get **it**?）

深层结构和表层结构

John is eager to please.（约翰急于取悦别人。）
John is easy to please.（约翰容易被讨好。）

两个句子在表层就像是"双胞胎"。我们甚至可以用相同的方式分析它们。但就其底下的意义而言,也就是在深层,我们知道它们是不同的。第一句是说约翰取悦别人,而第二句是说别人取悦约翰。

类似的,母语话者明白,"Sophie flew the kite"和"The kite was flown by Sophie"在句法形式上不同。用传统术语来说,第一句是主动语态,第二句是被动语态。然而,在底层,这两个句子共用同样的基本成分。所有语句都包含一个明显的外层结构和一个隐藏的内层结构。

使用这一方法,在语法上对一个句子进行分析意味着显露它的**来源**（derivation）。该方法有两个步骤：

1. 应用片语结构规则。这一步将打开语句的**深层结构**（deep structure）：这是一个抽象的组织层面,在这个层面上,基本的句法关系得以呈现。

2. 应用转换规则。这一步将把语句的深层结构转变为**表层结构**（surface structure）,也即实际所说的东西。

转换子成分（subcomponent）生成（指派）表层结构。因此,det+N+V+det+N 构成了大量及物语句的基础,比如,My brother chose the Burgundy. [det 指像 a, the, each, some, my, this 这类限定词（determiner）。——译者按]

这里的子成分可以说明不同变体,例如：
The Burgundy was chosen by my brother.
The Burgundy was chosen.
The choosing of the Burgundy (by my brother)
My brother's choosing of the Burgundy

转换语法（Transformational Grammar, TG）并不是对实例或提示的整编,正如化学是一套理论,研究的是物理世界里其他类型的对象,转换语法也是一套理论,一套关于语言的理论。转换语法的长远目标是求得对人类心灵的理解。作为一项初步尝试,它意在探索所有语言所共有的诸多性质。

注意,这里所描绘的画面差不多有30年的历史了,今天的职业语言学家很少有人接受它。

普遍语法

在被称作**普遍语法**（UG）理论的内部，乔姆斯基探索了这样一个观点：人类的诸多语言其实绝少差异。其间，他试图为一套关于第一语言习得（first language acquisition）的强大理论奠定基础。

普遍语法不是语法，而是**状态**（a state）。

在我们的生物组成中，有一部分专门负责语言。它被称作我们的语言官能。普遍语法正是这一语言官能的初始状态。

处于初始状态的语言官能是一台装置，一旦儿童能够得到的那种证据提交到这里，它便会产出某种特定的语言。研究这一系统的理论——也就是初始状态（语言习得装置的初始状态）理论——被称作普遍语法。

普遍语法是认知心理学（或从根本上说，人类生物学）的一部分，它不仅力图查明语言官能的不变原理，也力图划定这些原理所允许的变化范围——即**可能的人类语言**（possible human languages）。

我坚持认为，所有语言共有相同的实词范畴（词类）和形式范畴（主语和谓语）。
罗杰·培根（Roger Bacon, 约 1214—1294）

普遍主义观点在写于 1660 年的《波尔—罗亚尔语法》（*Port-Royal Grammar*）中找到了最完整的表达。*

我对"内在形式"（inner form）——语言背后基本的普遍结构——进行了描述。这一工作预见了乔姆斯基的"深层结构"。
洪堡

*《波尔—罗亚尔语法》是一本语言学指南，收于《波尔—罗亚尔逻辑》。后者是 17 世纪欧洲最有名的逻辑教材，首版于 1662 年。——译者按

人类精神由总是潜在的先天形式组成，并为其在想象和行动中的实现给出了方向和形态。**集体无意识**（collective unconscious）是普遍的，为人人所有。

"无意识或曰'主力'（dominants）的内容是自主的……它们并不是被传下来的观念，而是可能性，甚至可以说是必然性，这种可能性或必然性就诞生了表达主力的观念。每一个地区都有其言语形式，它们是可以无限变化的。"*

"神话中的英雄是战胜了一头龙，还是解决了一条鱼或其他什么巨兽，这无关紧要；原驱力还是一样，这才是人类的共同特质，而不是不同地区、不同时期转瞬即逝的观念构想。因此，人生来就带着一个复杂的、精神性的先决条件，绝非白板一块……我把这个一般性的精神继承物的领域称作**集体无意识**。"

卡尔·古斯塔夫·荣格（Carl Gustav Jung, 1875—1961），1927年在卡尔斯鲁厄（Karlsruhe）所做的名为**"分析心理学上的贡献"**（Contributions to Analytical Psychology, 1945）的讲座

---

* dominant，在荣格的早期著作中意指无意识的驱力，也可译作"主因"。——译者按

我们能否"构造"普遍语法?

语言系统既是离散的,又是具体的。要尽可能完整地、全面地、简洁地予以描述;要详细制定其音位、词法以及语法结构;要对形式与功能之间的关系加以限制。用这种方式观察吉利亚克语(Gilyak)和普什图语(Pashtu),以及法语和日语,然后,你就会发现语言共性(language universals)——如其存在的话。*

* 普什图语是阿富汗的官方语言之一,主要在阿富汗和巴基斯坦地区使用。——译者按

也不尽然。在我看来,就语言科学目前的发展阶段而言,全面覆盖并不是一个用意严肃或重要的目标。不如说,任何一个值得关注的语言学理论必须认真对待的核心事实是:一位成熟的话者能够产出……

乔姆斯基主张，我们应该找出语言运作的**边界**（border）或**约束**（constraint）。构成一门语言之基础的**规则集**（set of rules）是什么？

普遍语法不是"语法书"。它是一套理论，试图研究有关语言的一般性质的问题，关于这些问题，早期语言学传统曾部分地关注过，但它们很大程度上被现代方法忽略了（有时，它们被当作没有意义的荒谬问题弃置一边）。

设定在儿童心脑中的语言蓝图告诉他们这一内在语法如何运作：**语义规则**（semantic rules）协助产生意义，**音韵规则**（phonological rules）表现声音模式，而**句法规则**（syntactic rules）则与语词的组织有关。

如何发声?

语言的一个主要特征是其所谓的任意性(arbitrariness)。语词发什么声是相当任意的选择。英文词 *okay* 可以是他加禄语(Tagalog)里的 *siguro*,也可以是法语中的 *bien*。然而,普遍语法里的一切为所有语言所共有,能反映人类的心灵。

普遍语法是一套加诸个体语法构造的限制。由于环境中的"诱发"(triggering)经验,我们构造出一套特定的语法。换句话说,我们暴露于(exposure to)某种自然语言(法语、韩语等)。

经验主义批评者

像**约翰·洛克**（John Locke, 1632—1704）或研究言语行为理论的哲学家**约翰·塞尔**（John Searle, 生于1932年）这些经验主义者会说："我对此不满意。"无意识的知识在概念上是荒谬的。规则必须可为意识把握。

用以构造疑问句的规则

针对这些来自经验主义的批评,乔姆斯基回应道:

他们的论证没有基础。我主张,语法规则呈现于心智,应用于思想和行为。且举两例。第一例:我们如何构造疑问句?

拿掉任意句子里的某一名词片语,代之以一个恰当的疑问词,再将这个疑问词放在句子的最前头,四处摆弄下其他的机械构件,阿布拉卡达布拉!你得到了一个疑问句。

Suddenly, Patsy Rabbit saw Farmer Giles.
(突然间,小兔帕齐瞅见了农夫贾尔斯。)

Oh no! Who did Patsy Rabbit suddenly see?

好了,我们来点复杂的。兔妈觉得贾尔斯的胡萝卜味道还行。但她警告小兔子们(特别是帕齐),"再不许这么干了!"

"Mr. Sparrow thought that Mother Rabbit had warned all the little rabbits to keep away form Farm Giles' garden."

现在,就小兔们提问,"Which rabbits did Mr. Sparrow think that Mother Rabbit had told to keep away from the garden?"

再看这句,"The carrots looked more delicious than Mother Rabbit had told the little rabbits they would be."

如果就"小兔们"提问,我们会得到这样一个问句,"Which rabbits were more delicious than Mother Rabbit had told that they would be?"

多想想,我们就明白我们在说什么。作为一个**组织得当的句子**,它根本不对劲——除非贾尔斯喜欢吃兔肉馅儿饼。

要弄清楚这类语句涉及的很多复杂的情况,比如,对于组织不当的语句(最后一句话),我们要停止使用归纳总结。毫无疑问,我们**没有**相关的训练或经验能让我们处理这类情况。更准确地说,人类语言官能的某种特别的性质——某种来自于我们认知模式的东西——造成了这种局面。

用于相互表达式的规则

再来看另一个例子：我们如何挑选**先行词**（antecedent）？

考虑这个句子，the men sit and hear each other。

孩子们知道英语中的 "each other" 是**相互表达式**（reciprocal expression）。换句话说，表达式 "each other" 的前头一定有什么东西连接于它，这个东西即为**先行词**。[相互表达式包括相互代词和相互动词，这里的 each other 是相互代词。——译者按]

你可以把先行词放入不同的分句，例如：the men want each other to hear the nightingale.

在后一个句子里，"each other" 是从句中 "to hear" 的主语，其先行词 "the men" 出现在主句中。

然而，有时候相互表达式会失去它的搭档。我们无法在其分句之外发现它的先行词，例如：the men want me to listen to each other.

这不是一个组织得当的句子，但它有一合乎情理的意思：each of the men wants me to listen to the other。

你可能觉得我们可以加上一个条件：先行词应该是"离它最近的名词片语"。

但这也不行。这个条件既不是**充分的**，例如，"the nightingales hoped that each other would sing"（如果该条件充分，这句话便是说："each nightingale hoped that the other would sing"，但它并不充分），也不是**必要的**，例如，"the nightingales whistled songs at each other"。当然，这个句子可以被理解为："the nightingales whistled each song at the other song"。但我们通常不这样理解。

科学理论中的一种？

普遍语法有两项极端提议：其一，心脑的复杂结构发展自受限证据或**约束证据**（constrained evidence）；其二，其发展方式**始终如一**（in a uniform way）。该理论的出发点是这样一个关于人性的自明之理：我们有能力将现实组织进智性经验，而这些能力是**固定的**。这意味着什么呢？意味着，普遍语法允许我们提出一些重要的问题……

形成科学的能力能够让我们认定某些理论是有意义的、自然的，与此同时，它又能让我们拒斥其他一些即便与证据不冲突的理论。这种能力是什么呢？

人类心灵是否天生就带着一套原理，一旦到了理解某些特定问题的阶段，它便开始发挥作用？

这些原理，也就是这套心灵与生俱来的一般图式结构（schematism），是否有可能让我们获得丰富的知识系统、信念系统？

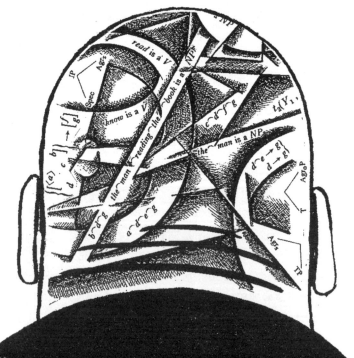

弗洛伊德

通过对这些原理进行分析,我们能否找出**所有可理解的理论**?这一问将我们带至最关键的问题:人类**能够得到的**全部理论与**真**理论是什么关系?

这份关于自然规律的猜测为这些问题——为什么我们会挑选特定的文体、使用特定的方式组织声音?我们如何做到这些事情?——提供了基础。并不是**所有**对声音的组织都是人类可获得的音乐形式。似乎有很多的约束和条件限制了什么是可能的,什么是不可能的(即什么与人类正常的能力不符)。

诗歌、音乐以及隐喻不仅应该列入**关于符号功能的一般理论**的研究范围,它们也需要这样一套理论。弗洛伊德就想给出这么一套理论。他提出的精神分析——作为**一套符号学理论**(theory of semiology),它能够解释笑话、绘画作品、神话以及梦——企图揭示两个系统之间的抽象关系,换句话说,它想要揭示不同层次上的表征:一个是这些现象的表层组织或外显组织,另一个则是它们潜藏的深层结构。

其他相与竞争的模型

自 20 世纪 60 年代以来，发展心理学家的研究兴趣开始从乔姆斯基的普遍语法生成模型转向另外一些解释方案，而这些解释方案要求对儿童自发性言语进行数据调研。这一路研究兴趣在瑞士心理学家**让·皮亚杰**（Jean Piaget, 1896—1980）的**发展建构主义**（developmental constructivism）那里得到发扬。皮亚杰关于学龄前儿童语言能力的理论研究始于 20 世纪 20 年代。他假定，全方位的认知技能由儿童认知发展各个阶段的调节机制或自调节机制自动开启。皮亚杰及其日内瓦学派（Geneva School）主张，儿童经历了一系列相同的发展阶段，而且总是按同样的顺序发展。

在我们看来，语言习得是在智性发育的背景下产生的，而且仅仅在认知基础建立之后才会出现。

因此，在儿童能够使用"米菲兔比玛德琳大"这类比较型语言结构之前，对大小做出判断的概念能力必定已经发展出来了。

此外，语言发展还如镜子一般映照出感知运动（sensorimotor）技能的发展。

乔姆斯基对皮亚杰的回应

在乔姆斯基看来,这里的问题是,要是接受"诸认知阶段"的存在,那么,各阶段之前的过渡是如何发生的?

过渡要么来自于新信息(对此,皮亚杰一派的研究者予以否认),要么来自于某种内在的成熟过程(这一点他们也否认)。

另外,在其他认知领域还没有什么能够类比为语言原理,因此,简单地认为语言与感知运动技能并行发展完全是武断的。

其他语言学学派

20世纪60年代期间,在**乔治·莱考夫**(George Lakoff,生于1941年)的影响下,**生成语义学**(Generative Semantics)这一新学派的倡导者试图将"语法同样也规定了语言使用于其中的社会环境"这一观点纳入他们的学说。生成语义学的研究者最终分道扬镳,进入到社会语言学诸多发展良好的领域,例如,符号学、语用学等。

生成模型有一些强健的替代模型,其发展势头良好。其中一例是**约翰·R. 弗斯**(John R. Firth, 1890—1960)创立的**伦敦学派**(London School),后经新弗斯派领袖**M.A.K. 韩礼德**(M.A.K. Halliday,1925—2018)重新表述为系统功能语言学模型。系统论者反对把语言分析分成诸多相互隔绝、彼此独立的层面(词法、音系、句法)。语言是一种社会符号系统,它由诸多"多元系统"的语言系统组成,每一语言系统又由无限多的、能够产生意义的微型系统组成,这些微型系统在传统语言分析层面上相互作用。

20世纪80年代的极简主义

为语言现象寻找一套尽可能简单的解释策略……

在人类语言的音韵、语义或句法中没有多余元素。每一元素都有其用途,也都能得到恰当的解释。这被称作对语言的**完备解释**(Full Interpretation, FI)。这里同样涉及**经济原则**(Principle of Economy, PF):所有对结构的表征应该尽可能地**简单**(minimal),受制于某种类似"最小作用"的条件。

> 最简理论是早先诸多理论的最新发展。您会如何描述该理论?

> 它不是理论。它是一套方案。

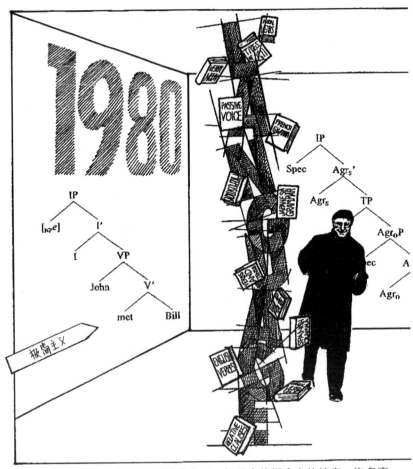

1980年左右，语言学领域发生了一场巨大的概念上的转变。许多事情汇聚一处，真正成了一次与有着数百年历史的传统语法的彻底决裂——其决裂之彻底有甚于生成语法。这便是"原理＋参数法"。传统语法的根本认识在于，存在着诸如"被动语态"或"关系从句"这类构造，对于它们，每一门语言都有不同的规则系统。这种看法引发了许许多多的问题，于是人们做了大量的研究，试图绕过这些问题。

各路努力最终于 1980 年左右会同并得出结论：像"被动语态"这种分类范畴其实是**人为制定的**，你真正有的是一些**固定的普遍原理**（fixed universal principles），它们在所有语言的所有构造中均发挥作用。而之所以会岔开并发生变异，是与词库中高度受限的部分（词法、音系）有关。这套方案让大家像被解放了一般，一时间出现了无数的经验研究，许多我们尚未思考过的东西也得到了彻底的勘察。它是第一个**在概念上**可行的方案。

"原理 + 参数"这套最简方案怎样运行？我们来看一个实践中的例子。

原理与参数

索菲1："我能行"的小天地

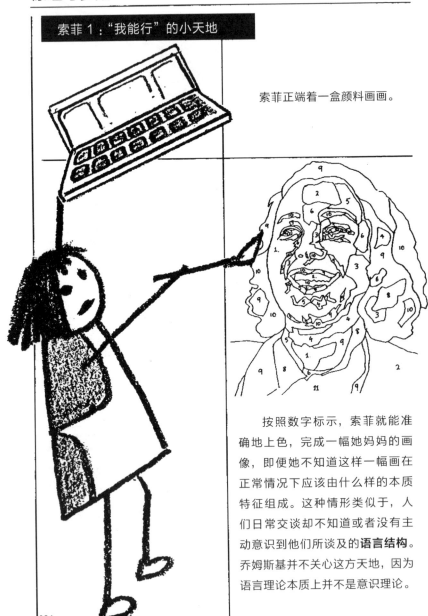

索菲正端着一盒颜料画画。

按照数字标示，索菲就能准确地上色，完成一幅她妈妈的画像，即便她不知道这样一幅画在正常情况下应该由什么样的本质特征组成。这种情形类似于，人们日常交谈却不知道或者没有主动意识到他们所谈及的**语言结构**。乔姆斯基并不关心这方天地，因为语言理论本质上并不是意识理论。

索菲2：语法知识的世界

现在，索菲的知识增长了，她开始知道妈妈应该是什么样的，这样一幅画应该怎样区别于爸爸、猫、兔子或其他东西。这就需要对运用**转化语法理论**进行表述有所知：不同类型的语句的知识，如何消除歧义，如何区分……

It is not difficult to find red peppers in Albuquerque.
与
Red peppers are not difficult to find in Albuquerque.

索菲3：基本原理的世界

这是一个由某些高度一般化的基本原理组成的世界，其中的原理与将颜料涂在某一特定表面的过程有关。这些颜料密密麻麻地涂在那种纸上，它们之间的化学反应会有如此这般的特殊效果。蓝色色素的分子与绿色色素的分子、水分子相结合必然会产生这种色彩效果和黏滞效果。

索菲，更准确地说，大多数画家，都能很好地掌握这种知识。它是一种隐含（underlying）知识。

尽管是隐含的，但这种包含少量基本原理的"知识"正是原理＋参数法追求的目标。

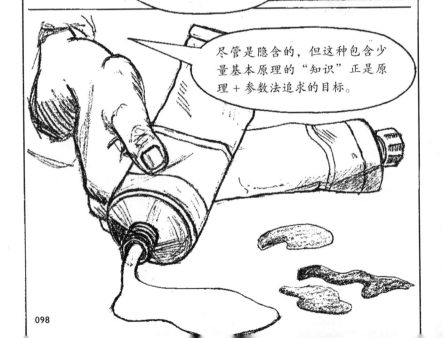

普遍语法原理与参数

普遍语法是一个**计算系统**（computational system），它相当丰富，但在结构上受到了严格的约束。

它包含一些**先天原理**（innate principle），决定了什么可以发生，什么不可以发生。

在基本运算方面，该系统是刚性的，包含各种表层结构（S 结构）和深层结构（D 结构）之间的相互转换。

它有一个**模块化的结构**（modular structure），也就是说，它对各个独立的组件进行处理。

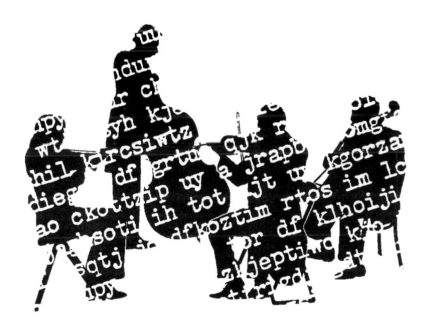

弦乐四重奏由四种乐器组成，每一种乐器均有其独立的约束和功能，但只有与整体相配合，它们的输出才"有意义"，与之类似，这一认知系统的诸多原理以及参数是这项研究的主要关切。

普遍语法不是一部语法书，也不是一套知识理论。它是一套研究人类心灵内在结构的理论。

所以，**原理**对于所有语言都是通用的。**参数**取什么值由语言的固定性质来决定，在不同的语言那里，参数的取值是不同的，受制于非常具体的限制。

例如，年龄、性别以及肾功能都是参数值（parameter 中的 para 意为"附加"），它们一道决定了人体的血压。

如果肾功能受到某种疾病（比如糖尿病）的损害，血压便会升高。因此，有关饮食中盐分摄入的研究本身并不会就肾功能如何运转提供一幅准确且完整的画面。

在一个严密整合、具有相当丰富之内在结构的系统中，单个参数的改变也许会带来复杂的效应，在语法的各个部分产生不断累积的影响。

乔姆斯基

原理、参数以及语言学习

学习一门语言相当直接,因为,该过程按照它自身内在的、预先决定了的路线进行。

在我们看来,语言习得问题就是在一个很大程度上被决定的系统内确定参数的问题。

乔姆斯基

学习一门语言意味着学习如何将原理应用于这一特定的语言,就像给各个参数赋予取值一样。

以**中心词参数**(Head Parameter)为例。这是说,一个片语的关键部分是其**中心词**(Head)。

因此,名词片语(NP) *pictures of Alice* 有一中心名词 *pictures*。

介词片语 *on my blue guitar* 有一中心介词 *on*。

动词片语(VP) *ride a bicycle* 有一中心动词 *ride*。

有限差异

相对于片语中的其他成分（补足词），中心词是如何发挥作用的？如果仔细看看，我们便会发现，其作用方式并非在所有语言中都一样。在日语中，介词で出现在 blue guitar 的右侧，这一点和英语不同。

就中心词的位置而言，我们完全可以对所有人类语言加以总结：一门语言要么**中心词前置**（例如，英语中的动词放在中心介词的左侧），要么**中心词后置**（例如，日语中的动词放在中心介词的右侧）。

如此一来，通过调查儿童在中心词参数上的有限选择（实际上只有一种选择），语言间的**差异**（variation）就能得到说明。

我们最希望找到一批造成原本相似的语言出现差异的性质，再把这些错综复杂的性质还原为一项单一的参数，并以某种方式确定下来。

乔姆斯基

异议

我们可能觉得普遍语法是一个结构错综复杂的系统,但它只是一个部分"连通"(wired up)的系统。该系统牵涉有限个的道岔,每个道岔有有限个的档位(也许只有两档)。设置道岔需要经验。一旦这些道岔设定好了,系统便开始发挥作用。

乔姆斯基

在各个模块的内部都有一些选择节点。你可以上这条道或那条道。基于环境证据,道岔被设在特定的方向上。

解释语言

乔姆斯基：

解释语言的性质时一定会碰到两个大问题，它们似乎背道而驰。其一是要弄清事实——所谓在描述上充分（descriptive adequacy）：语言做了什么，你就要解释什么。搞清事实这种追求似乎将我们带至各种异常复杂的规则系统。另一个与之相对立的问题：你不得不表明所有语言基本上是同一的（identical）。一定得是这样，因为尽管儿童并没有太多的证据，但他们全都学到了同样的东西。出于同样的理由——人类的形式或血液循环系统全都一样——诸多语言必得是同一的。语言在不同人身上的差异微不足道，其统一性占到了绝对优势。

生物学家往往假定，血液循环系统的基本特征来自于基因的表达。同理，我们不得不假定，所有语言也都是基因的基本表达。因此，一方面，尽管所有语言都极其相似，但我们对某些部分要理解得相对好一些。另一方面，它们看上去非常地多样、复杂，彼此间有着不同的规则系统。

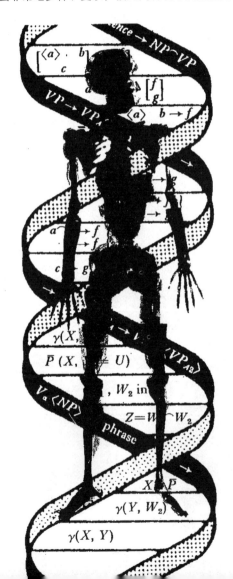

一旦我们采用了传统的语法书或词典，试图以此克服敷衍轻率的论证（其中大部分都敷衍了事，只是在所谓的"启蒙读物"[primer]或"词典"里有少量提示），这组对立结论间的冲突就变得非常明显。你若想弥合其间的空隙，它们反而会带来更多的问题。现在好啦，原理 + 参数法给出了一个可能的答案，一种思考语言的方式。

你可以询问那种科学很少问及的问题，以此开始。你可以问，我们所使用的特定的描述手段是不是真能在经验上得到辩护？或者，它们是否仅仅是一些谋划技巧，掩盖了理解上的欠缺？你就真能为这些手段给出独立的辩护？或者，你之所以使用这些手段，是不是因为你不知道真实情况而你又不得不以某种方式描述它？你可以不懂基础物理学就建起一座桥。你可以使用技巧。事实上，大多数科学，甚至于硬核科学，也会使用大量的技巧，因为我们很难说清楚概念上的每一步是如何被论证的。

最简方案以这类问题作为出发点。它从**原理 + 参数法**启程。

可有可无的技术

这些问题相当地合理，值得我们询问，求解它们会很有收获——这份猜测是最简方案的一根支柱。许多物事被认为不可或缺，是语言的一部分，但若你仔细分析，它们却成了无关痛痒的技术。根据概念上更简单的假设，你常常会得到更好的经验结果。

最简方案的另一部分则争议更多。它可能还不成熟，但是，对于什么是**真实的**、什么被用来掩盖了**理解上的欠缺**这些问题，我们已经有了一些解决办法。也许，它不是最终目标，但我们已经有了一些答案。

童话

这里还有另外一个可能没有答案的问题。该问题要是有答案,那倒多少会让人感到惊讶。通过讲述一则有关演化的童话故事,我能轻而易举地解释为什么会这样。

设想有一只灵长类动物,它拥有和我们一样的感觉运动器官以及概念器官(conceptual apparatus)。它可以思我们之所思,但却没有语言能力。于是,在没有语言的情况下,它尽其所能地思我们之所思。它拥有我们的意向和目标,拥有我们的发音手段和感知器官,只是没有我们的**语言官能**。

后来发生了某个事件。可能是因为宇宙射线，出现了某种突变，这种突变重新组织了它的大脑，将感觉运动器官、概念器官、意向器官（这些器官涉及如何指称、如何谈话以及如何产生期待）原样保留了下来，独独植入了一种**语言官能**。好啦，这种语言官能会是什么样的呢？假设这种语言官能经过了优化设计。假设一位拥有神性的设计者发明了它，并将其定为完美的语言官能。它能是什么样的呢？

有一种性质它必须具备：语言官能要能提供各种语言表达式——就像我现在正在使用的这些东西。对于大脑的其他系统来说，这些语言表达式必须"清晰可判"（legible）。例如，感觉运动器官必须能从中提取某些意义，否则我就无法发出声音，我无法将我正在干的事情外显出来，因为它没有接入感觉运动系统。无论大脑中还有什么部件，这一系统必须为它们提供指令。现在好啦，有一种完美的语言官能，其设计为接入要求提供了尽可能完善的解决方案。

尽可能最简单的系统？

对于语言，最低限度的要求是它必须具有与**声音**或**意义**相关的指令。你可以假设那只灵长类动物满足这一要求。没关系，我们不妨给出一项要求，假设你希望由尽可能最小的装置（apparatus）来提供语言表达式：一方面，这些表达式能够为感觉运动系统给出指令；另一方面，它们也能为概念意向系统给出指令。这样，我们就进入到一片需要小心处理的领域："尽可能最简单的系统是什么？"关于这一领域，我们有一些观念。

事实上，这些观念常用于理性探究。当然，它们也常用于自然科学。要是物理学家恰巧发现了 7 种基本粒子，他们就会感到不爽。"7"这个数字还不够优雅。他们希望这个数字是 2 或者 3。人类进行理性探究的驱动力曾让人类在科学的一些领域中取得了难以置信的成功。所以，不管理由有多么神秘，我们不妨假定它们继续奏效。

完美设计

好吧，最简方案的另一根支柱是一份期望（乐意的话，你也可以管它叫猜测）：语言是**完美设计的**。语言可能有种种缺陷，没能最佳地满足这两个条件，发生了一些偏离，但这些缺陷和偏离极其有限。它们可能是出于某个充分的理由才出现在那儿。也许是出于解释或者其他什么情况的需要。反正事实不一定是这样。语言官能也许就设计得非常**糟糕**。事实上，从某个角度看，生物体中的一切都设计得很糟。并不存在什么"完美设计"。

这太正常不过了。演化过程正是这么进行的。它可以拿着一套糟糕的工具做出最好的结果。要是你发现为着某一非常有限的需要而完美设计出来的器官，那倒相当让人吃惊。事实上，这比传统语言研究中的假设少得多。如果你去研究语言，你会试着观察声音与意义之间的相关性。但是，如果照着这种方法去做，其相关性所涉及的资料也还是太多。单是分别观察声音和意义应该就够了，相关性会自然而然地从基本的设计性质中浮现出来——这是一幅令人敬畏的蓝图，还远未实现。

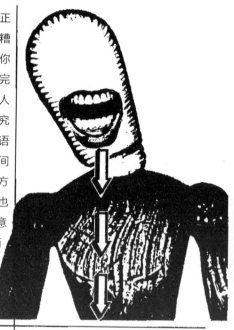

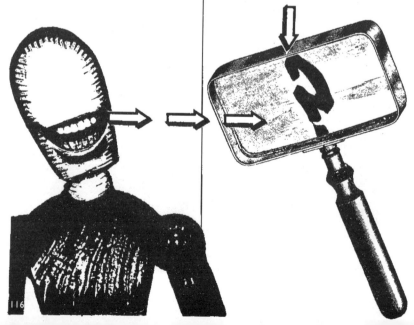

这将产生大量的问题。把语言看作是一种"完美设计",这种想法将产生深远的影响。如果我们发现某个生物系统是完美设计的,这将是一个让人称奇的发现,它意味着,要么这是一个非常不寻常的系统,要么我们一般性地误解了生物系统。无论是哪一种,如其为实情,都将非常有趣。

对于任何科学,只要"简单"这一概念是清楚的,何为最简系统这一问题便会有个答案(不管我们能否找到这个答案),对此,我们没有理由怀疑。而最简方案所涉及的完全是另外一回事:1. 关于"可有可无的技术",现在就问一些过于前瞻性的问题是否合适;2. 语言中有某些东西可能接近"完美设计"这一假设到底合不合理。问第一个问题很可能还为时尚早,因为该问题通常只出现于实证研究;第二个问题则完全不能想象。

顺便问一句,这则关于演化的故事疯狂不疯狂?相当疯狂。不过,比起那些关于高阶心智过程之演化的玄思,它可能还不那么疯狂。某种与之类似的东西可能最终会被证明是正确的。

那份社会良知的缘起

1928年12月7日,乔姆斯基出生于美国宾夕法尼亚州的费城。其父威廉·乔姆斯基(William Chomsky, 1897—1976)是一位著名的希伯来语学者,1913年时,为躲避沙皇军队征兵而移居美国。乔姆斯基进入一家杜威进步派的学校学习。大萧条期间(1929—1939),暴力破坏罢工、劳动人民的绝望和屈辱深深地影响了童年时代的乔姆斯基。

那时十岁生日刚过,我为学校的报纸写了篇社论,内容是西班牙内战(1936—1939)结束之际巴塞罗那的陷落。

乔姆斯基常常乘火车去纽约,在那里,丰富而强烈的犹太智性生活让他深受影响。他流连于第四大道的二手书书店和无政府主义报社"劳动者自由之声"(Freie Arbeiter Stimme)的办公室,开始对自由至上主义思想产生了浓厚的兴趣。

在第七十二街和百老汇大道的交叉路口,乔姆斯基的叔叔经营着一间售货亭。这家小店不怎么卖报纸,它主要用作欧洲流亡者、犹太工人知识分子、穷人和贫民窟居民的集会场所,文化生活很丰富。

我们能整夜整夜地讨论、争辩,就在那间售货亭或他的小公寓的近旁。那些年,我生活中的重要时刻就是我可以一边在夜间报摊上干活,一边倾听这一切。

乔姆斯基看到了欧洲法西斯主义的出现,以及美国街头反犹主义对它的支持。他对第二次世界大战的爱国主义解释持怀疑态度。虽然严厉反对纳粹,但当他看到学校旁德国战俘营中战俘的待遇时,他感到了震惊。

人们普遍把他们当作血腥可怕的怪物,用带尖钩的铁丝施以虐待。

> 记得长崎核爆那天,我简直说不出话来。我愤然走入树林,独自待了好几个小时。我无法和别人谈论这件事,我根本无法理解他们的反应。我感到极其地孤独。

在宾夕法尼亚大学,乔姆斯基跟随**泽里格·S.哈里斯**(Zellig S. Harris)从事研究,后者是一位语言学老师,乔姆斯基在政治上深受其自由至上主义观点(半个无政府主义的自由至上主义)的吸引。乔姆斯基的早期工作直接脱胎于哈里斯的研究。

乔姆斯基档案

1949年,与语言学家卡罗尔·莎茨(Carol Schatz)结婚。育有一儿两女。本科学位论文《现代希伯来语语素音位学》(Morphophonemics of Modern Hebrew)初步尝试了构造一种生成语法。

1951—1955年期间,哈佛大学学会初级研究员。

1955年,完成博士论文《转换分析》(Transformational Analysis),并获语言学博士学位。博士论文以《语言学理论的逻辑结构》(*The Logical Structure of Linguistic Theory*)为题付梓。加入波士顿剑桥市的麻省理工学院(MIT)。

1957年,博士论文中的主要理论观点出现于专著《句法结构》(*Syntactic Structure*)。

1961年,获任MIT现代语言和语言学系(现为语言学和哲学系)正教授。

1965年,组建公民委员会,反对征税,以此抗议越南战争。

1966年,就任MIT法拉利·沃德(Ferrari Ward)语言学教席。

1969年,于牛津大学约翰·洛克讲座(John Locke Lectures)开讲。发表第一本政论著作《美国强权与新官僚》(*American Power and the New Mandarins*)。

1970年,于剑桥大学伯特兰·罗素纪念讲座(Bertrand Russell Memorial Lecture)开讲。

1972年,新德里尼赫鲁纪念讲座(Nehru Memorial Lecture)开讲。

1976年,获任学院教授。

1977年,莱顿大学赫伊津哈讲座(Huizinga Lecture)开讲。

1986年,尼加拉瓜,中美洲大学(Universidad Centro Americana)马那瓜系列讲座(Managua Lectures)。美国人文与科学院、国家科学院院士。获伦敦大学、芝加哥洛约拉大学(Loyola University of Chicago)、乔治城大学(Georgetown University)、史瓦兹摩尔学院(Swarthmore College)、德里大学(Delhi University)、剑桥大学等授予的荣誉学位。

乔姆斯基：社会批评家

乔姆斯基以其对社会不公持之以恒的批判在国际上享有声望。简要地说，其社会理念让人们清楚地看到，

——权威机构、强力机构如何对民众强加控制；
——知识分子如何背叛了他们的良知与共同体、他们如何与国家政权合流，为其所用。

乔姆斯基对美国外交政策的批评特别揭露出，

——美帝国全球政策中普遍存在的暴力；
——美国无所不在、人为制造出的自我形象：善意、"本质上亲切"；
——对现实自以为是的操纵；
——美国民主的欠乏和破败。

"你说的是真的吗？"

乔姆斯基反对将社会议题个人化。出于此，他否认在其语言学和社会观点之间有任何必然联系，因为此一事非彼一事，把它们联系在一起是危险的。

> 无须语言学上的专业训练，你也能谴责美国对一些残暴行为的支持。要紧的不是谁在说话，不是他们说话的背景或"资格"。重要的是："你说的是真的吗？"

> 我自个儿能思考。

尽管如此，我们还是可以发现，语言（它之**所是**）与人类自由（语言是**如何**使用的）之间有着重要的联系。

巴别塔

在《圣经》中，巴别塔（Tower of Babel）是人类被语言分隔的象征，但是，语言之别是丰富性的一处来源，不一定是造成痛苦或混乱的原因。冲突蛮可以由其他一些因素引起，例如，族群认同、沙文主义。

若被恰当理解，普遍语法就能做出贡献，让我们理解人类各个种族，作为同一个物种，由其压倒性的相似性联合在一起。

人们为什么过着不平等的痛苦生活？通过陈说其间的理由，而不是通过强行施加语言上或文化上的统一性，我们就可以做出改善，消除分歧。

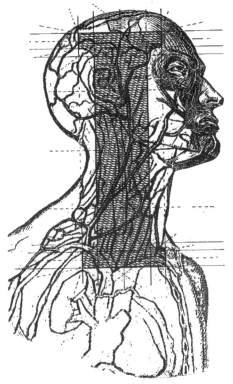

我们有理由认为,正如心灵的内在结构是认知结构发展的基础,"物种特性"为道德意识的成长、文化成就,甚至对一个自由公正之共同体的参与提供了框架。可以肯定的是,从对认知发展基础所做的观察,到有关自然规律及其实现条件的具体结论,是一次伟大的智性飞跃;比如说这一结论:人类的需要和能力将在一个由自由的、富有创造力的生产者所组成的社会中得到最充分的表达,人们将在一个自由联合的体制中活动,其中的"社会纽带"将取代"人类社会的一切束缚"。

乔姆斯基

乔姆斯基给出了两个相互关联的要点：语言的统一性是人类的遗传特质，它基于不变的生物学原理。尽管如此，语言独立自处，经得住环境的强大压力。同样的理由，人类天性在其最深的层面上能够抵御各种社会力量的影响。

> 残酷的政治制度绝不会完全控制我们的心灵。我们是自由的男男女女。

于是,有关语言的哲学和无政府主义理念发生了联系。

乔姆斯基对自由至上主义的继承

乔姆斯基的社会理念承自一脉悠长的自由至上思想传统。其中一位对他有感召力的人物是教育学家**洪堡**。洪堡是柏林大学的创办者、普鲁士教育体系的首席设计师以及专制国家的批评者。

> 洪堡是一位深具影响的普通语言学理论家,同时也是自由至上价值的早期倡导者之一。

> 所有道德文化完全地、直接地来自于灵魂的内在生活,仅在人类的天性中受到激励,绝不会由外在的人为雕琢制造出来。

洪堡的教育哲学奠基于"教养"(*Bildung*):教养是一种能力,它逐步渐进地培育人格,在个体身上和在整个物种那里一样多。

乔姆斯基的另一位英雄是美国哲学家、心理学家、教育家、社会批评家**约翰·杜威**（John Dewey, 1859—1952）。杜威是进步主义教育运动的先驱。其**《心理学中的反射弧概念》**（The Reflex Arc Concept in Psychology）一文就整个有机体对环境的适应进行了探讨，预示了机能心理学（functional psychology）的开端。

我觉得，关于教育理念，洪堡会发现他与杜威意气相投。

任芝加哥大学哲学教授期间，杜威，这位美国民主和外交政策的激烈批评者，变得积极活跃，他不断斗争，反对对芝加哥贫民窟的移民和少数族裔的盘剥，支持立法将工会合法化并抨击企业权力的作用。

我指控国会和政界的当权者充当大财阀的跑腿童仆！

亚当·斯密的"卑鄙信条"

乔姆斯基同样提到了启蒙运动时期的苏格兰哲学家、经济学家亚当·斯密（Adam Smith, 1723—1790）。斯密对早期资本主义的批判被英国撒切尔一系的保守派无耻地加以扭曲，说它捍卫了"自由市场"。

无论什么时候都可看到人类主人的卑鄙信条（vile maxim）——"全然利己，毫不利人"。

斯密谴责重商主义和殖民主义，认为它们一般说来有害于人民，只是为商人和制造者带来了巨大的利好，而后者是国家政策的"主要设计者"，其兴趣"特特专注于"……

即便步入现代,亚当·斯密的教导依然成立,在国际化的经济体系中,甚至在战败之后,其教导也常常适用。例如,让我们想一想纳粹在企业界和金融界的合作者:在美国占领德国并恢复他们应有的地位之后,他们的兴趣"特特专注于"什么。

启蒙价值观

20世纪的自由至上价值观可以追溯到18世纪的启蒙运动,这是一场激进的捍卫理性主义、个体自由以及进步的哲学运动。乔姆斯基继承了启蒙运动的自由思想精神。一如自由至上主义者**让－雅克·卢梭**(Jean-Jacques Rousseau, 1712—1778)对笛卡尔的思想重新加以表述,将其并入一种关于社会公正的理念(《**论人类不平等**》[*Discourse on Inequality*, 1754]),乔姆斯基也追随了这一笛卡尔传统。

以笛卡尔式的命题表述,人类之自由的要素包括:

1. 内省使你明确这一点:你确实拥有心灵;
2. 心灵的本质是思想本身;
3. 语言是一种具有创造力的实体;
4. 思想之自由只能根基于对语言创造性的运用;
5. 这种创造性一定能思及新的思想,它与刺激无关,因此完全是创新的、条理清晰的,可以与不同的情形适配;
6. 既然我们知道其他生物以一种创造性的方式使用语言,我们就必须将它们看作是有心灵的生物,如我们一般。

启蒙思想的现代版本可以在**自由至上社会主义**(libertarian socialism)或**无政府主义**(这两个用语可以互换)那里找到。

无政府主义

无政府主义（anarchism）或自由至上社会主义不是一套学说。它是一种完全不分等级的思考方式、行动方式以及与人相处的方式。无政府主义理论有不同的派别：自由至上社会主义、无政府工团主义（anarcho-syndicalism）和共产主义的无政府主义。

无政府主义所设想的社会形态由诸多小型共同体组成，主要集中在两个单元：邻里社区和工作场所。

还有自由主义?

自由主义(Liberalism)呢?它就没在社会改革进程中占据一席之地?

美国的政治言论可没少提"我们的自由传统"。那"自由"(liberal)这个词到底是怎么回事?

它的意思已经变得面目全非,我们几乎没法再谈论它。现在,"自由"的意思和它过去的意思正好相反。是"保守"吗?美国并没有一个英国托利党(British Toryism)意义上的保守主义传统,有的倒是一个反动的国家统制主义(statism)传统。自由意指带有新政*气象的、极为温和的社会民主。今天,我们看到一种努力,它试图让我们退回到社会契约,回到过去那美好的咆哮年代(20世纪20年代),此后再来忧心劳动者的权利。无论在美国还是在英国,社会契约都出现了崩解。就连这种自由主义也成为明日黄花。我们今天有的是狗咬狗原则,有的是末位淘汰。

---

* New Deal,原指罗斯福新政。——译者按

实干派知识分子

> 有一种特殊的设计师型的政治家,他们公开宣称是"自由派",对于一些人,他们有着奇妙的吸引力。我觉得,这就是你所谓的"实干派知识分子"?什么是"实干派知识分子",他们是哪些人?

罗伯特·麦克纳马拉 (Robert McNamara)

这可不是我说的。

肯尼迪身旁的一群人,也就是那波前往华盛顿寻找圣城(Camelot)的人,自诩为"实干派知识分子"。他们不是闲坐在教工俱乐部的反思型知识分子,而是"真正的知识分子"。他们精明能干,打算负起责来管理整个世界——真是让人舒心。他们与列宁的人民委员十分肖似。说起来,我还做过一些文字比较,比方说,麦克纳马拉(McNamara)和列宁所写的东西。他们极为相似。事实上,他们的意识形态相去不远。

美国悖论

美国自命"自由世界的领导者"。我们知道,作为一个自由开放的社会,美国在很多方面要比西欧社会更加自由开放。然而,乔姆斯基还是批评美国对其真实情况视而不见……

1. 工业国家中去政治化最严重的国家之一;
2. 工业国家中意识形态灌输最为严重的国家之一;
3. 工业化国家中知识阶层最为顺应体制、墨守成规的国家之一。

一个社会越自由，其思想控制系统、灌输系统就越是千锤百炼，越是周密复杂。统治精英，他们精明、有阶级意识，永远要保有主导权，因此要确保这一点。

对策？笛卡尔意义上的常识。人们迷陷于无尽欺骗的密林，无法自拔，要看穿这些伎俩。人们可以做到，但他们必须先要做出努力。

让我们看看，自封的"自由世界的领导者"是如何实现去政治化、如何灌输意识形态、如何让知识分子顺应体制的。

制造共识

实现控制的一个办法是让人们表面上取得一致。

"制造共识"一语是我发明的,我用它来形容美式民主的基本特征:强制性。

你不能效法专制体制,依靠暴力强迫人民服从。所以,你需要各种意识形态灌输系统,靠它们确保人民认可统治阶层想要做的事情。

沃尔特·李普曼(Walter Lippmann, 1889—1974),编辑、作家,《纽约先驱论坛报》(*New York Herald-Tribune*)的强硬派专栏作家,1922年出版专著《公众舆论》(*Public Opinion*, 1922)

60年代末的大学里确实发生了一些改变，这主要是因为学生运动：学生们要求放宽对思想的限制并取得了某些成功。人们的反应值得关注。现在，学生运动的压迫力已经减轻了，人们正付出极大的努力重建被稍稍扰乱的正统观念。在关于那个时期——常被称作"动荡年代"或诸如此类——的讨论和文献中，学生左派常常被说成是危险人群，威胁着研究和教学的自由；据说，学生运动企图实施极权主义意识形态控制，从而将大学的自由置于危险境地。这就是国家资本主义知识分子笔下的事实：他们对意识形态近乎全面的控制非常短暂地受到了质疑。

乔姆斯基

丹尼·科恩-邦迪，1968年在巴黎领导了学生运动"五月革命"。——编注

粉碎工会！

资本主义社会的核心机构均处在企业界和产业界的专横控制之下。从政治角度看，企业界或产业界是等级森严的法西斯：顶层严密控制，每个等级绝对服从。其间有些交涉，有点让步，但威权手段不言而喻。

政府是财阀投向整个社会的一道阴影。
　　　　　　　　　约翰·杜威

在这样的一个社会里，最具战斗力的民主化力量便是工人运动。这股民主力量有多强？你可以通过那些持久的、周密的、常常伴有暴力，试图控制或完全摧毁这股力量的行动衡量之。

千禧年之际，我们看到，一个全球化的自由市场正力图削弱劳动者的自助组织——工会。工会被描绘成工人必须与之斗争的怪物。其意图直截了当："把你们自己从工会的压迫中解放出来！"如何做到？

1. 宣扬社会科学进行欺骗，比如，工作场所中"和谐"的重要性。
2. 散布"工会主义即为反美"这样的观点。
3. 渗入教育系统，教育国家未来的劳动力要有正义感。（截至20世纪50年代，三分之一的教科书已由商业公司提供。）
4. 散发印刷精美的杂志，让学生们学习挣钱、逐权的正道以及如何管理没受过多少教育的工人。
5. 在媒体、学校、教堂和娱乐界大肆宣传所谓正确的美国价值观。

阶级与贫穷

在美国，有两个字不可说——"阶级"。

极端重要的是，要让其他人，其他民众，相信压根儿没阶级这回事。我们人人平等。我们都是美国人。我们生活和谐。我们一起工作。一切都很好。

1994年时，人口普查局报道称，过去十年间，收入低于贫困线的人口增长了50%。美国的收入不平等状况比世界上的其他工业国家更为糟糕，其状况之糟甚至超过了英国。

我们知道，美国黑人的预期寿命更短、新生儿死亡率更高、生活质量更低——完全是第三世界的统计数据。但是，若将阶级因素、种族因素考虑进来，重新分析这些统计数据，会发生什么呢？

美国的主流医学杂志拒绝刊发纳瓦罗的发现。最后，这些发现被世界顶级医学期刊——英国的《柳叶刀》（*The Lancet*）接受。

你怪谁？

情况很糟。愤怒四起。但是，责备政府很可能变成一种去政治化的表现。

如果你不喜欢什么，或者，你的工资下降了——责怪政府吧。你不会去责怪《财富500强》(Fortune 500)上的家伙，你又不读《财富500强》。

在一些人看来，马克思主义为现实情况给出了一个理论模型。它是怎么回事呢？

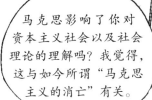

> 马克思影响了你对资本主义社会以及社会理论的理解吗?我觉得,这与如今所谓"马克思主义的消亡"有关。

> 我不是马克思专家。马克思有一套关于资本主义的理论。你大可以从中读出点什么。也许你收获很多。但他对后资本主义社会无所言说。也就五句话吧。

对于社会主义,马克思并没有多少论述。他只是论说,资本主义将在一些方面发生改变。单凭这些,你还不能说马克思主义已然"消亡"。概念上就不可能。你若不喜欢他的资本主义理论,你可以说它已然消亡。当然,一个有智识的人应该读读它并从中学习。它有它的不足,受限于它的时代。它不是来自上帝。

苏联解体

苏联解体之后，西方世界欣喜若狂，开始迎接美国的领导，一时间，谈论"社会主义的终结"成为时尚。

社会主义的终结？很有意思。它显示出宣传系统的运转方式。1917年，布尔什维克一经掌权，就将此前的各类机构尽数摧毁。已经实际运转的工厂委员会和苏维埃各级代表会议消失不见。列宁和托洛茨基（Trotsky）是某种正统马克思主义者。他们大概认为，在这个落后的乡民社会中不可能发动社会主义革命。他们期待着历史铁律在德国这个资本主义邻国催生一场革命。但实际情况并不是这样。德国发生了一次暴动，其支持者罗莎·卢森堡（Rosa Luxemburg）等忠诚的革命者对此抱有深深的疑虑。不过，这次暴动被粉碎了。于是，这个极度贫困的乡民社会（这是一个自15世纪以来就贫穷不堪的第三世界社会）里就有了列宁和托洛茨基。

　　他们干的第一件事便是转向国家资本主义。自那以后，俄罗斯的体制，特别是斯大林领导下发展起来的体制，开始以"民主的"和"社会主义的"自诩。西方宣传自然会嘲笑东方集团国家是民主国家的说法，不过，它喜欢它们把自己说成是社会主义国家。"是的，那是社会主义。"这么说非常有用：你可以把社会主义同这个非常落后的第三世界社会——它们正被暴力以许多丑恶的方式推向工业化——联系起来。联系起来之后，你就会得到一件非常强大的武器，以此挫败在你自己的社会中伸张自由与正义的努力。

自由今在何方?

俄罗斯现在又回到了第三世界。在西方,无论左派还是右派,得出了一个普遍的结论:俄罗斯曾是经济上的失败者。这一结论打哪儿来的?好吧,常见的论证是这样:"看吧,看一看西欧和东欧。一个成功,一个失败!"这种论证就好比指着波士顿的幼儿园说:"它们太失败了!那些孩子中有多少人懂量子力学,比得过麻省理工的研究生院吗?"如果你要了解一家幼儿园的情况,你可以把它与其他幼儿园做一番比较,而不是拿它跟麻省理工的研究生院相比。

要做一番用意严肃的比较，不妨比一比俄罗斯与巴西。它们相当地有可比性：两个国家体量大，资源丰富，一个曾由列宁—斯大林体制主导；另一个则由我们的体制主导，属于西方的殖民地。美国曾于 1945 年接管巴西，自那之后，美国一直管理着整个国家并以此为傲。说起来，这番比较也不完全公平。巴西有很多优势，这些优势俄罗斯都不曾具备。巴西从未遭受过毁灭性的世界大战。它有过西方托管的所谓优势。但不管怎样，我们还是来比较一番。西方托管带来了什么结果？巴西 10% 的人口比俄罗斯人民过得好。但是，对于另外 80%—90% 的人来说，那完全是一场灾难。他们倒愿把东欧的生活状况看作是可以企及的梦想。再想想危地马拉和保加利亚。任何合理的比较一定会得出类似的结论。列宁—斯大林体制可供批评之处甚多，可西方体制更甚。眼下这还不是个被普遍接受的结论。但那个"理性的"解释完全是荒谬的，人们若不是被洗脑，一定会对其一笑置之。

谁应道歉？

因为没有对入侵并占领亚洲，以及随后殖民时期的残暴行为作出"恰当的道歉"，日本受到了国际社会的批评。对此您怎么看？

挺怪的，因为日本人远比我们走得远。他们一道歉就上头版——"日本人做得很不对"。同样是美国的这帮批评人士，他们从未想过要为美国的残暴行为道歉。美国不承认战争罪行这一概念。就好像法国人、德国人、英国人，还有美国人从不犯罪似的。我们当然没犯过罪。我们不承认我们犯罪了，所以我们就没犯罪。

美国历史发端于一场对手无寸铁之人的杀戮，这些人是17世纪初的佩克特（Pequot）美洲原住民，就生活在这里——马萨诸塞州。屠杀有损声誉。但屠杀从未停止过：中美洲的恐怖主义战争、中印半岛上的战争。*谁都不肯为此道歉。*

罗伯特·麦克纳马拉曾写过一本书，这本书据说是在为美国在中印半岛发动的战争道歉。许多美国人死在了那里，扰乱了美国社会，所以他向美国人民道歉。但这算不得道歉。

罗伯特·麦克纳马拉，林登·约翰逊总统（Lyndon B. Johnson）任内的美国国防部长

铭记越南

"二战"期间,在日本人占领中印半岛之后,法国人试图重新夺回他们在越南的殖民地,此举得到了美国的支持。1954 年,日内瓦会议结束了法国在中印半岛的控制权,但美国打断了这一和平进程,在南越扶植起一个恐怖主义政权。在看到该政权靠不住之后,肯尼迪总统于 1962 年派遣美国空军袭击了南越——超过 80% 的越南人口生活在这一地区。民用目标遭到轰炸,植被被大规模地清除。

肯尼迪总统还发起一场运动,将数百万人关进了集中营——号称"战略村庄"(strategic helmet)——周围是带尖钩的铁丝网和守卫。

此举是为了保护他们免受越共游击队的袭击,但美国自己也承认,当地居民支持这些游击队。

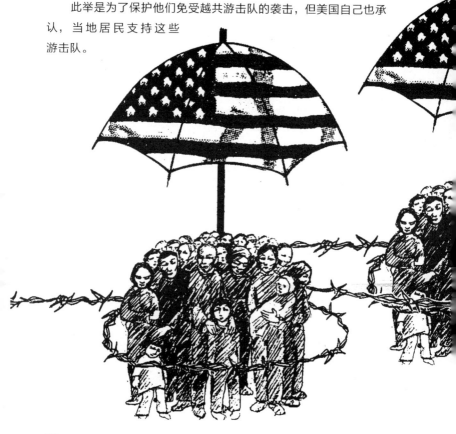

美国反对和平解决越南问题，并于 1964 年策划对南越开展地面进攻，入侵行动发生在 1965 年初。此后对南方的密集轰炸开始升级，其猛烈程度是对北方公开袭击的三倍。这场可怕的、没有意义的战争一直持续到 1975 年。*

* 此节作者表述过于简略，容易引起不了解越战历史的读者误解。文中提到的"南越"（South Vietnam）应被理解为地理上，或更准确地说，北纬 17 度线以南的南方，而非美国支持的南方政权，因此，凡言轰炸、入侵南越都应被理解为针对北越政权在南方的军事力量、越南南方民族解放战线的军事行动。——译者按

克服"越南综合征"

> 我们无须道歉,无须自责,我们无须假定我们有罪。我们不欠什么。我们的意图是捍卫南越人民的自由,战争带来的破坏是相互的。
>
> 吉米·卡特总统(Jimmy Carter),
> 1977 年新闻发布会

按纽伦堡原则,战后的每一位美国总统都该被吊死。

关键是要克服"越南综合征"。越南综合征可以被定义为一种创伤后应激障碍(PTSD),它大规模地出现于美国,参与者对 20 世纪 60 年代的战争经历感到厌恶,造成了这种精神障碍。其心理症状是什么?

> 对动用武力的病态抑制……
>
> 诺曼·波德霍雷兹
> (Norman Podhoretz),
> 新保守派,《评论》主编

其实际影响妨碍了美国对其附属国实施彻底控制的能力。

处置方案

1. 千斤压四两：在安全环境中实施一成不变的"军事侵略"。

案例：光荣征服格林纳达（Grenada）。6000 名美国精锐士兵战胜了几十个古巴人和一些格林纳达民兵。这支部队以其英勇无畏获得了 8000 枚荣誉勋章。

2. 把美国说成是受害者，把越南人说成是侵略者。关注那些在罹受战争之苦的美国人，关注他们的痛苦记忆。关注"船民"*的命运，谴责那些负隅顽抗的越南人对他们不友好。强调越南人对阵亡美军士兵的遗骸处置不当，没有善意。

3. **绝不**道歉。**绝不**认罪。

不过，越南只是美国外交政策的诸多受害者之一。我们再来看两个案例：**印度尼西亚**和**尼加拉瓜**。

---

*"船民"指越战期间乘船逃亡他国的越南难民。——译者按

印度尼西亚—东帝汶档案

"二战"期间,印度尼西亚曾被日本占领,1945年,在国家主义者苏加诺博士(Dr. Sukarno,1901—1970)的领导下,印尼成立了共和国,并于1949—1950年间脱离荷兰的殖民统治,获得独立。美国的东南亚问题专家对苏加诺抱有怀疑。

1957—1958年间,美国鼓动了一次反对苏加诺的武装叛乱,这次叛乱失败之后,印尼出台了一项为日后埋下祸根的政策:允许美国训练印尼军队,并为其提供支持。这项政策最终结下恶果:1965—1966年间的军事政变废黜了苏加诺。亲美派将军苏哈托(Suharto,1921—2008)在一场屠杀之后执掌大权。

苏哈托

各方对死亡人数的估计
   中情局:250 000
   印尼安全系统负责人:500 000
   大赦国际(Amnesty International):"超过一百万人"

东帝汶

印尼的军人政权曾于1975年占领了前葡萄牙殖民地东帝汶（East Timor），这是一次近乎种族灭绝的大事件。

美国阻止国际社会对大屠杀事件做出反应，对此，美国驻联合国大使莫伊尼汉（Daniel Patrick Moynihan）颇为骄傲。他热心地解释说，在短短几周的时间里6万人遇害："占总人口的10%，与苏联在'二战'期间的伤亡人员比例相当。"

美国希望事态像过去那样平息下来，而且努力达成了这一目标。国务院强烈希望，无论联合国采取什么措施，都完全无效。这项任务交给了我，我推进这项工作，这并没有什么了不起的地方。

1990年,一项国家通讯社的研究披露,美国政府的情报部门曾编制了一份共产党和"群众组织"(主要是劳工联合会、妇青团体)的领导人名单。美国人向印尼军方提供了5000个名字,后者一一核对,杀害或抓捕了名单上的人。中情局局长称其为"一份处决名单"。

许多人不得不被关押起来接受审问或"私设法庭"的酷刑,因为印尼人没有足够的打手处置这些人。

只要他们是被屠杀的共产党人,就没人在乎。

两位国务院专家的话值得引用:

他们很可能杀了许多人,我手上很可能沾满了鲜血,但这并不都是坏事。

尼加拉瓜档案

詹姆斯·门罗总统（James Monroe, 1758—1831）于1823年提出了他的"主义"：任何欧洲在"新世界"的介入均将被视为战争行为。

西奥多·罗斯福总统（Theodore Roosevelt, 1858—1919）于1904年扩展了"门罗主义"：美国可以不受限制地干预任何一个拉美国家的"慢性犯罪行为"。

门罗主义成了一项方针：确保美国对拉丁美洲的控制权。

在介入古巴（1898）、洪都拉斯（1905）和巴拿马（1908）之后，1909年，美国海军陆战队又以类似的模式登陆尼加拉瓜。此后，尼加拉瓜成为美国的保护国。

奥古斯托·塞萨尔·桑地诺（Augusto César Sandino, 1893—1934），亲自由派，于1926年发动了一场游击战争，成功打击了美国海军陆战队以及他们训练的尼加拉瓜国民警卫队。

桑地诺民族解放阵线成员（Sandinistas）坚持将土地重新分给农民，而此举受到国民警卫队司令安纳斯塔西奥·索摩查·加西亚（Anastasio Somoza Garcia, 1896—1956）的强烈抵制。

1934年，桑地诺被索摩查的国民警卫队杀害。索摩查，美国的忠诚盟友，于1937年夺得控制权并建立起一个残暴的军事独裁政府，此后，其家族执掌大权直到1979年，在这一年，广受民众支持的桑地诺民族解放阵线（Sandinista National Liberation Front）最终推翻了索摩查家族的独裁统治。

卡特总统（生于1924年）不顾一切地想要将索摩查政权扶持到底。在这个血腥政权垂死挣扎的时刻，以色列协力加入了军事行动（尽管美国予以否认）。尼加拉瓜一片废墟，乡村被毁，四万到五万人丧生。

桑地诺民族解放阵线最终组建起政府，此后，妖魔化他们的声音便不绝于耳：指控其实施种族灭绝、贩运毒品，还有种种不民主的行径。对于桑地诺政府非凡的改革成就，对于这些有案可查的事实，美国的媒体知识分子一言不发。

根据乐施会（Oxfam）在76个发展中国家的经验，在解决土地所有权不平等问题，向贫困的农民家庭提供健康、教育、农业服务等方面，尼加拉瓜的桑地诺政府尽职尽责，做出了杰出的贡献。

直到1989年，美国还在扶持一股叛乱力量——"反政府军"（Contras），意图破坏尼加拉瓜的稳定局面。

烂苹果理论

美国习惯性地承诺要"捍卫民主",其形象是一件意识形态灌输的杰作。但问题是,对于那些弱小的国家,例如,尼加拉瓜、智利,甚至微不足道的格林纳达,对于这些地方出现的社会主义,为什么强大的美国觉得它受到了威胁呢?

烂苹果理论为这种看似非理性的行为给出了解释,其解释着眼于它的内部形式而非公开表现;从内部看,这种歇斯底里完全讲得通。如果一个资源匮乏的贫弱小国想为其国民做点什么,其他国家就会问:"为什么不让我们来?"一国越是弱小、越是无足轻重,其手段与资源就越是有限,强国的威胁在它看来也就越大。腐烂可能蔓延,进而威胁到世界主宰真正关心的区域。

谁是罪犯?

乔姆斯基用来揭露意识形态灌输把戏的一个方法是"对照案例研究"。下面是两组对照案例。

比较案例 1 与案例 2

案例 1

1984 年,一名牧师在共产主义波兰被警察杀害。涉案警察很快就被逮捕,审讯后被投入监狱。

结果:美国媒体上出现了大规模的持续抗议,它们反复渲染血腥细节,暗指苏联脱不了干系。

案例 2

一百名著名的拉美宗教人士殉难,其中,圣萨尔瓦多(San Salvador)的大主教被暗杀,四名美籍女神职人员被美国支持的治安维持势力奸杀。

结果:媒体控制。评论说,无论左派右派,一个"大体节制的"政府很难控制他们的暴力。

案例1

古巴犯人阿曼多·瓦拉达雷斯（Armando Valladares）的释放很快就成了一次媒体事件。1986年，他受里根总统之邀，出席了白宫举行的人权日（Human Rights Day）庆典活动。

结果：媒体高声谴责残暴的古巴独裁者菲德尔·卡斯特罗（Fidel Castro）是"本世纪的另一位屠夫"（《华盛顿邮报》），同时受到谴责的还有古巴国内"非人的折磨"以及"囚兽般的监狱"。

案例2

1986年，萨尔瓦多（El Salvador）非政府人权委员会（CDHES）的主席赫伯特·阿那亚（Herbert Anaya）和几乎所有成员被逮捕，遭到了严刑拷打。他们从430名政治犯那里取得了经过宣誓的证词，并汇编成一份长达160页的报告，记录了酷刑的种种细节：其中一段证词还是出自一名身着制服的美军少校。

结果：瓦拉达雷斯事件（the Valladares episode）中，这份报告和一段录像证明被偷偷带出了监狱，但这些资料遭到了美国媒体近乎全方位的封锁。阿那亚最终获释，但随即遭到暗杀。

政治委员和专业游戏

政治委员是干什么的?

政治委员是那些参与社会管理的知识分子,他们献身于国家政权并为其所用。

政治委员的一个原型是苏联的人民委员。另一个原型便是肯尼迪时期那帮自诩"实干派知识分子"的人。这帮精英将国家暴力、傲慢以及美国历史上的某些最丑陋的事件推向了极端,对此,我毫不奇怪。

政治委员的常见套路是攻击某人的政治分析**能力**，比方说，

恕我直言，我没记错的话，您是位语言学家，而非受过训练的政治经济学家。

您的指责非常有意思。您是说，为了能谈谈正义啊、真理啊，我得在社会等级中攀得高位。要是通过考验，我就能成为社会批评家。

知识分子政治委员的所作所为与乔姆斯基"案例对照"的做法恰恰相反：他们解除了批评家的"专家话语权"，从而为自己保留了权力和思想控制。媒体、学术界的政治委员以及担任行政职务的政治委员组成了知识阶层或知识精英。

1970年春,在美国入侵柬埔寨之后,美国国内反对越战的情绪达到了高潮,学生抗议和民间异议骤起,这让精英们感到害怕,大学因此关闭,对此,"美国知识精英"持什么态度呢?一项深入研究揭示了实情。结果表明,几乎所有人都反对战争,他们或可被归为"鸽派"。不过,在谈到反战理由时,我们发现,绝大多数人出于"现实考虑"而反对战争——战争不可能达成其目的——而少数人之所以反对战争是因为它变得太过血腥(该研究称之为"道德依据":一定程度的杀戮、伤害和折磨是合法的,但过度使用暴力便会伤害到纤弱的灵魂)。出于原则而反对战争的人少得可怜,几乎可以忽略不计。也许,在知识分子当中,只有1%的人会因侵略是错误的而反对战争——即便是美国发动的侵略战争……相比之下,大多数普通民众不是出于原则反对战争。迟至1980年,经过十年间克服"越南综合征"的不懈努力,70%的民众认为这场战争"本质上是错误的、不道德的",它不仅仅只是"鸽派"官员口中的一个"错误"。

乔姆斯基

没有什么神奇的答案,也没有什么神奇的方法可以用来克服我们所面临的困难,有的只是我们耳熟能详的方法:诚实、寻求理解、教育、组织化、采取行动增加作恶者使用国家暴力的代价或者为制度变革奠基,以及那份持之以恒的承诺——尽管有种种诱惑让我们觉得幻想破灭,尽管其间有许许多多的失败而只有有限的成功,既然我们希望有一个更加光明的未来,这份承诺便会坚守下去。

《力挽狂澜》(*Turning the Tide*)结语

参考书目

乔姆斯基的语言学著作：

The Logical Structure of Linguistic Theory (Cambridge, MT ms. 1955–6), Plenum, New York 1975

Syntactic Structures, Mouton, The Hague 1957

Review of B. F. Skinner's *Verbal Behavior*, Language 35, 35: 26–58, 1959

Current Issues in Linguistic Theory, Mouton, The Hague 1964

Aspects of the Theory of Syntax, MIT Press, Cambridge, Mass. 1965

Cartesian Linguistics: a Chapter in the History of Rationalist Thought, Harper & Row, New York 1966

Topics in the Theory of Generative Grammar, Mouton, The Hague 1966

Language and Mind, Harcourt Brace Jovanovitch, New York 1968

Studies on Semantics in Generative Grammar, Mouton, The Hague 1972

Reflections on Language, Pantheon, New York 1975

Essays on Form and Interpretation, North-Holland, New York 1977

Morphophonemics of Modern Hebrew, Garland, New York 1979

Language and Responsibility, Pantheon, New York 1979

Rules and Representations, Columbia University Press, New York 1980

Lectures on Government and Binding: the Pisa Lectures, Foris, Cinnaminson 1982

Noam Chomsky on the Generative Enterprise: A Discussion with R. Huybregts and H. van Riemsdijk, Foris, Cinnaminson 1982

Some Concepts and Consequences of the Theory of Government and Binding, MIT Press, Cambridge, Mass. 1982

Modular Approaches to the Study of the Mind, California State University Press, San Diego 1984

Knowledge of Language: Its Nature, Origin and Use, Praeger, New York 1986

Barriers, MIT Press, Cambridge, Mass. 1986

Language in a Psychological Setting, Sophia Linguistica 22, Tokyo 1987

Language and the Problems of Knowledge: The Managua Lectures, MIT Press, Cambridge, Mass. 1988

Language and Thought, Moyer Bell, Wakefield, R.I. 1994

The Minimalist Program, MIT Press, Cambridge, Mass. 1995

共著作品：

The Sound Pattern of English, N. Chomsky and M. Halle, Harper &Row, New York 1968

政论著作：

American Power and the New Mandarins, Pantheon, New York 1969

At War With Asia, Pantheon, New York 1970

Problems of Knowledge and Freedom: The Russell Lectures, Pantheon, New York 1971

For Reasons of State, Pantheon, New York 1973

Counter-Revolutionary Violence: Bloodbaths in Fact and Propaganda, Warner, Andover, Mass. 1973 (with Edward Herman)

Peace in the Middle East? Reflections on Justice and Nationhood, Pantheon, New York 1974

"Human Rights" and American Foreign Policy, Spokesman Nottingham UK 1978

The Washington Connection and Third World Fascism, South End Press, Boston, Mass. 1979 (with Edward Herman)

Towards a New Cold War: Essays on the Current Crisis and How We Got There, Pantheon, New York 1982

The Fateful Triangle: The United States, Israel and the Palestinians, South End Press, Boston, Mass. 1983

The Culture of Terrorism, South End Press, Boston, Mass. 1988

Turning the Tide: US Intervention in Central America and the Struggle for Peace, South End Press, Boston, Mass. 1985

On Power and Ideology: The Managua Lectures, South End Press, Boston, Mass. 1987

Pirates and Emperors: International Terrorism in the Real World, Black Rose Books, Montreal 1987

Necessary Illusions: Thought Control in Democratic Societies, South End Press, Boston, Mass. 1989

Chronicles of Dissent, Common Courage Press, Monroe, Maine 1992

Deterring Democracy, Verso, New York 1992

Letters from Lexington: Reflections on Propaganda, Common Courage Press, Monroe, Maine 1992

What Uncle Sam Really Wants, Odonian Press, Tucson, Arizona 1992

Year 501: The Conquest Continues, South End Press, Boston, Mass. 1993

Keeping the Rabble in Line, Common Courage Press, Monroe, Maine 1994

Rethinking Camelot: JFK, the Vietnam War, and S Political Culture, South End Press, Boston, Mass. 1993

The Prosperous Few and the Restless Many, Odonian Press, Tucson, Arizona 1993

World Orders Old and New, Columbia University Press, New York 1994

Secrets, Lies and Democracy, Odonian Press, Tucson Arizona 1994

Powers and Prospects: Reflections on Human Nature and the Social Order, South End Press, Boston, Mass. 1996

和爱德华·赫尔曼（Edward S. Herman）的合著：

Counter-revolutionary Violence: Bloodbaths in Fact and Propaganda, Warner Modular, Andover, Mass. 1973

The Washington Connection and Third World Fascism, South End Press, Boston, Mass. 1979

After the Cataclysm: Postwar Indochina and the Reconstruction of Imperial Ideology,

South End Press, Boston, Mass. 1979

Manufacturing Consent: the Political Economy of the Mass Media, Pantheon, New York 1988

CD 档案:

The Clinton Vision: Old Wine, New Bottles, AK Press, Edinburgh 1993
Prospects for Democracy, AK Press, Edinburgh 1994
Class War: the Attack on Working People, AK Press, Edinburgh 1995

文集:

Chomsky: Selected Readings, J. P B. Allen and P. van Buren, Oxford University Press, Oxford 1971
Radical Priorities, C P. Otero (ed.), Black Rose Books, Montreal 1984
The Chomsky Reader, J. Peck (ed.), Pantheon, New York 1987
Language and Polities, C.P. Otero (ed.), Black Rose Books, Montreal 1989

二手文献:

On Noam Chomsky: Critical Essays, Gilbert Harman (ed.), Anchor, New York 1974
Chomsky's System of Ideas, Fred d'Agostino, Oxford University Press, Oxford 1986
The Chomsky Update, Raphael Salkie, Unwin Hyman, London 1990
Chomsky, John Lyons, Fontana, London 1991 (3rd edition)
Noam Chomsky: Critical Assessments (volumes 1–4), Carlos P. Otero (ed.), Routledge, London 1994
Manufacturing Consent: Noam Chomsky and the Media, Mark Achbar (ed.), Black Rose Books, Montreal 1994
Chomsky's Universal Grammar: an Introduction, Vivian J. Cook and Mark Newson,

Blackwell, Oxford 1996

Chomsky's Politics, Milan Rai, Verso, London 1995

电影:

Manufacturing Consent: Noam Chomsky and the Media, Peter Wintonick and Mark Achbar, Canada 1982

致谢

朱迪·格罗夫斯（Judy Groves）和约翰·马厄（John Maher）感谢乔姆斯基，感谢他的耐心，感谢他在 MIT 接待我们的到访，感谢他的鼓励以及对终稿文字部分提出的大量意见。**书中若有错误，或任何不慎之处，责任在作者和绘者。**

马厄感谢同事们在写这本书期间给予的鼓励和建议，特别是罗恩·阿什尔（Ron Asher）、乔治·比德尔（George Bedell）、罗杰·巴克利（Roger Buckley）、艾伦·戴维斯（Alan Davies）、贝茨·霍夫（Bates Hoffer）、肖恩·马拉尼（Shaun Malarney）、马厄–西薗彩（Aya Nishizono-Maher）和苏珊·奎伊（Suzanne Quay）；感谢理查德·阿皮涅斯（Richard Appignanesi）在手稿方面的睿智工作，感谢他鼓舞人心的传真让我充满了干劲；感谢彼得·帕弗（Peter Puph），感谢他对此项目的沉着信念，以及他在东京冬夜里带来的暖心清酒；感谢邓肯·希斯（Duncan Heath），感谢他在截稿的关键时刻、在酷暑中表现出的冷静专业；感谢那位在哈佛广场至 MIT 的巴士上的无业人员，感谢他在波士顿的贫富状况方面的渊博知识，感谢他鼓励我写作这本书，他说："第一次听到乔姆斯基的讲话时，我只想跑到街上大喊：'嘿！听啊，听啊！有人在讲真话！'"

格罗夫斯感谢奥斯卡·萨拉特（Oscar Zarate）为插图给出的无数建议，感谢柯林·史密斯（Colin Smith）的技术支持以及大卫·金（David King）为图片搜索提供的帮助。

索引

布拉格学派 21
布龙菲尔德,莱纳德 19

插入规则 72
抽象,抽象化 26,30
刺激的匮乏 44

笛卡尔,勒内 35—37,44
东帝汶 158—159
杜威,约翰 129

弗洛伊德,西格蒙德 89
弗斯,约翰·R. 92
复用性 63

工会 129
《规则与表征》25

哈里斯,泽里格 .S. 121
哈里斯,詹姆斯 48
韩礼德,M.A.K. 92
洪堡,威廉 56,76,128
环境与语言 16,55—56,59

集体无意识 78
伽利略法 24—26
阶级,美国 142—143
结构依赖性 10
结构主义 19,68—69
经济原则 93
句法 3
《句法结构》19

科学理论 88

莱布尼茨,戈特弗里德 44

莱考夫,乔治 92
烂苹果理论 163
李普曼,沃尔特 138
理想化 28,32
《力挽狂澜》169
伦敦学派 92
罗素,伯特兰 169

妈妈语 55
马克思主义 144—145
麦克纳马拉,罗伯特 151
美国结构主义 19
模仿 49

内在语言 13—16
尼加拉瓜 160—162

皮亚杰,让 90—91
贫穷,贫穷与阶级 142—143
普遍语法 75—76,80—83,99—100

乔姆斯基,诺姆
　背景 118—121
　出生 118
　犹太生活 119
　社会议题 123—124

人本主义 58—59
人类学语言学 57
日本 150
荣格,卡尔 79

萨丕尔,爱德华 57
删除规则 71
社会学 57
社会主义 146
身心问题 34—37
生成的

生成语法 66—68
生成语义学 92
斯金纳,伯尔赫斯·F. 40—41
斯密,亚当 130—131
苏维埃帝国的瓦解 146—147
索绪尔,费尔迪南·德 20—22

外在语言 12—13,17
完备解释 93
韦伯,马克斯 29
维特根斯坦,路德维希 8

先行词 86—87
相互表达式 86—87
行为主义理论 40—43
休谟,大卫 37

叶斯伯森,奥托 22—23
意识形态灌输 163—165
音系 21
语法 18
　复用 63
　规则 70—73
　两种语法 64—65
语言
　与无政府主义 127
　生物属性 9

　特性 9—10
　环境 54—56
　语言的无限性 10
　与生俱来 22,44,46,68
　语言之知 12,33,50
　语言学习 45,54,101
　语言与心灵 34
　完美设计 115—117
　限制 35,48
　社会政治的 18
　语言与声音 3
　语言结构 55,96
　语言差异 102—105
语言学定义 62
原理 + 参数 94—100
越南 152—155

战争罪行 150
政治委员 166
中心词 101—102
转换语法 74
资本主义 145—147
自由至上主义 128
自由主义 134
最简主义 93—98